DESAPEGARSE SIN ANESTESIA

WALTER RISO

DESAPEGARSE SIN ANESTESIA

Cómo fortalecer la
independencia emocional

Planeta

Diseño de portada: Diana Ramírez
Imagen de portada: © Shutterstock / Dudarev Mikhail
Fotografía del autor: © Luciana Riso

© Walter Riso
c/o Schavelzon Graham Agencia Literaria
www.schavelzongraham.com

© 2018, Editorial Planeta Mexicana, S.A. de C.V.
Bajo el sello editorial PLANETA M.R.
Avenida Presidente Masarik núm. 111, Piso 2
Colonia Polanco V Sección
Delegación Miguel Hidalgo
C.P. 11560, Ciudad de México
www.planetadelibros.com.mx

Primera edición en formato epub: marzo de 2018
ISBN: 978-607-07-4777-9

Primera edición impresa en México: marzo de 2018
ISBN: 978-607-07-4738-0

Impreso en los talleres de Litográfica Ingramex, S.A. de C.V.
Centeno núm. 162-1, colonia Granjas Esmeralda, Ciudad de México
Impreso y hecho en México – *Printed and made in Mexico*

Para Ricardo,
que anda revoloteando por el cosmos
y haciendo de las suyas.

El maestro llevaba muchos años predicando
que la vida no era más que ilusión.
Cuando murió su hijo rompió a llorar.
Sus discípulos se le acercaron y le dijeron:
—Maestro, ¿cómo puede llorar tanto si nos ha explicado
que todas las cosas de esta vida son una ilusión?
—Sí —respondió el sabio, enjugándose las lágrimas
que resbalaban por sus mejillas—,
¡él era una ilusión tan hermosa!

CHUANG TZE

CONTENIDO

INTRODUCCIÓN

Todos los problemas del mundo
provienen del apego.

LAMA YESHE

Este libro profundiza en uno de los peores males psicológicos conocidos: el apego o la dependencia emocional. Asimismo, pretende explicar los mecanismos que nos hacen engancharnos obsesivamente a un objeto, una persona o una actividad y nos impiden tener una existencia plena y saludable.

Si consideras que algo o alguien en tu vida es indispensable para tu felicidad, tienes un grave problema: estás a la sombra de un amo. Y no me refiero al aire que respiras, la comida que te alimenta o el sueño que te repone, sino a necesidades secundarias de las cuales podrías prescindir sin que tu supervivencia emocional y psicológica se vea afectada de alguna manera. La gente realizada es libre, la gente apegada es esclava de sus necesidades. No importa la fuente

del apego, llámese fama, poder, belleza, autoridad, aprobación social, Internet, juego, moda o pareja, la adicción psicológica hará que tu existencia sea cada día más insalubre:
te arrodillarás ante ella, le rendirás pleitesía y vivirás en el
filo de la navaja por miedo a perderla. Crear una relación
dependiente significa entregar el alma a cambio de obtener
placer, *seguridad* o un dudoso sentido de *autorrealización*.

Quizás pienses que no es tu caso y que has logrado mantenerte lejos de las tentaciones. No cantes victoria, nadie está
exento. Una vez que entra a la mente, el apego vive agaza-
pado y no siempre es fácil de detectar. Muchos dependientes
emocionales no saben que lo son, aún no son conscientes.
Los verás sufriendo y con una sonrisa postiza de lado a lado,
justificando una autodestrucción psicológica absurda y rego-
deándose en el autoengaño. Pero no hay vuelta de hoja: el
apego corrompe, afecta tu integridad y te hace cada día más
débil.

Dirás que es difícil desapegarse y/o hacerle frente a los
apegos. Nadie lo niega. Aun así, el intento vale la pena: es
posible crear un estilo de vida inspirado en el desapego y
sufrir menos. No importa a qué estés apegado, siempre es
posible desprenderse de lo que te estorba psicológicamente
y empezar de nuevo. Si te lo propones, podrás crear tu estilo
de vida antiapego.

No hablo de autosuficiencia radical ni aislamiento, ya
que todos tenemos dependencias obligatorias. Si subes a
un avión, dependes del piloto; si estás en el quirófano, dependes del cirujano; y si vas a la universidad, necesitas del
profesor y el plan de estudios. Dependemos de los adultos cuando somos niños y de un guía si estamos perdidos.
Siempre habrá "dependencias razonables, útiles y saluda-

bles". Lo que señalo como preocupante y dañino es la *dependencia irracional, superflua y prescindible*; aquella que no tiene más fundamento que tus propios déficits, miedos e inseguridades.

Enfaticemos: ser emocionalmente independiente (desapego) en el sentido que aquí explico, no es patrocinar una autonomía egoísta y sobrevalorada, sino desarrollar la capacidad para reconocer y prescindir de aquello que obstaculiza nuestro mejoramiento personal. Esa es la buena nueva que trajo Buda y que retoma gran parte de la psicología cognitiva moderna: puedes ser libre internamente si así lo deseas. Este es el reto: soltarte de las dependencias que te impiden ser tú mismo.

Sin embargo, este proceso de liberación interior no es indoloro, como se insinúa a veces. Desapegarse asusta y duele, porque al hacerlo perderás gran parte de los puntos de referencia con los cuales te has identificado por años. Si decides emanciparte emocionalmente, los objetos, personas e ideas que supuestamente te definían y servían de soporte dejarán de tener importancia para ti. Será un "sufrimiento útil" que te permitirá enfrentarte cara a cara con lo que eres, sin escudos defensivos. Y por más que busques, no encontrarás analgésicos que te ayuden a suavizar los efectos de despertar a la realidad: *el desapego sacude el orden establecido y genera un crecimiento postraumático de línea dura.* ¿Que solo eres un simple mortal y no tienes un pelo de trascendido? No hay problema: el desapego no está diseñado para personas especiales o un grupo selecto de superhéroes e iluminados, cualquiera con bastante convicción y motivación tiene acceso él. La poeta escocesa Alice Mackenzie Swaim escribió una vez:

La valentía no es el roble majestuoso
que ve ir y venir las tormentas;
es el frágil retoño de una flor
que se abre en la nieve[1].

Desapego sin anestesia, sin excusas, tan radical como se pueda y hasta las últimas consecuencias, seas un robusto roble o un trémulo retoño. Y cuando de verdad decidas desprenderte de aquello que te aprisiona emocionalmente y te quita energía vital, tu pensamiento será tan sencillo como liberador: "Ya no te necesito, ya no me importas". ¡Y a vivir!

Sobre el texto en cuestión

El libro está conformado de tres partes, diez lecciones y un apéndice. La primera parte, titulada *Limpiando el camino conceptual*, consta de una lección introductoria donde se aclaran los conceptos de "apego" y "desapego", así como sus definiciones incorrectas. La segunda parte, *Cómo identificar el apego y no dejarse vencer por él*, incluye seis lecciones donde se presentan las características básicas del apego, de qué manera afectan nuestra vida y la forma de afrontarlas. La tercera parte, *¿Por qué nos apegamos? Tres puertas que conducen al apego*, consta de tres lecciones sobre las causas del apego, los caminos que llevan a crear dependencia y la manera de prevenirla. Finalmente, en el apéndice titulado *¿A qué nos apegamos?* señalo, a manera de ejemplo, algunos apegos, muchos de ellos no clasificados aún, que afectan negativamente a las personas que los padecen.

He recurrido a las fuentes más actualizadas de la psicología cognitiva y a distintos textos orientales (principalmente budistas) y he cruzado esta información con mi experiencia clínica. El objetivo de haber escrito este libro es básicamente pragmático: que podamos vivir con menos apegos, que logremos identificarlos a tiempo y afrontarlos. No es un libro técnico ni académico, sino de divulgación, y por tal razón he tratado de utilizar un lenguaje sencillo y asequible para todos. Si logramos comprender la naturaleza del apego y cómo se inserta y funciona en nuestra mente, podremos soltarnos de las cargas psicológicas que tanto nos aquejan y tener acceso a una mejor calidad de vida. Espero que los lectores se aproximen a esta meta.

PARTE 1

DESPEJANDO
EL CAMINO CONCEPTUAL

Convertíos en vuestra propia luz.
Confiad en vosotros mismos:
no dependáis de nadie más.

MAHAPARINIBBANA SUTTA

¿Quién no ha sufrido o aún sufre inútilmente por estar enganchado a cosas o personas que le quitan fuerzas y ganas de vivir? ¿Quién no se ha enredado alguna vez con pensamientos irracionales, creando falsas señales de seguridad y ha descubierto luego lo inútil o lo peligroso de sus acciones? La estrategia fundamental que conduce al bienestar emocional consiste en descubrir lo que uno *no necesita y sacudirse de ello*, como lo hace un perro cuando sale del agua y se sacude para secarse. Apartar lo que sobra, desvincularse y decir adiós con la sabiduría de quien ha comprendido lo que no le conviene. Ver lo que es sin autoengaños, así incomode a los soñadores y nos desajustemos por un tiempo.

Los apegos obnubilan y reducen la capacidad cognitiva, mientras que el desapego genera paz y ayuda a desatar los nudos emocionales que impiden pensar libremente. Uno te hunde, el otro te saca.

La primera lección para el desapego apunta a evitar malos entendidos y a esclarecer algunos conceptos que te servirán de guía para incursionar en las lecciones posteriores.

Lección 1

APEGO Y DESAPEGO: ACLARACIONES Y MALOS ENTENDIDOS

El apego corrompe.

KRISHNAMURTI

Qué es y qué no es apego

En lo que se considera su primer sermón, cerca de la ciudad de Benarés (conocido como la "puesta en movimiento de la Rueda de la Ley"), Buda afirmó:

> He aquí la noble verdad del sufrimiento: el nacimiento es sufrimiento, la vejez es sufrimiento, la enfermedad es sufrimiento, la unión con lo que uno odia es sufrimiento, la separación de lo que uno ama es sufrimiento, no obtener lo que uno desea es sufrimiento... He aquí también la noble verdad del origen del sufrimiento: es la sed que lleva a renacer, acompañada del apego al placer, que se regocija aquí y allá, es decir, la sed del deseo, la sed de la existencia, la sed de la

inexistencia. He aquí también la noble verdad del cese del dolor: lo que es cese y desapego total de esta misma sed, el abandonarla, el rechazarla, el hecho de liberarse de ella, de no tenerle ya apego[2].

Un mensaje que perduró por siglos y aún se mantiene: una de las principales causas del sufrimiento mental surge de la tendencia a apegarnos a las cosas o a las personas. Vivimos en un mundo lleno de "pegantes" potenciales que nos atrapan y no hacemos mucho al respecto. Estamos impregnados de una ignorancia básica que nuestro cerebro no ha podido o no ha querido vencer aún. No importa el estrato social, la cultura a la que pertenezcamos o qué tan inteligentes seamos, nos cuesta comprender profundamente que "nada es para siempre". ¡Piensa cuántas veces has querido retener y mantener vigente algo que ya no existe, se ha ido o no quiere estar contigo! ¡Cuánto sufrimiento por no ser realistas y aceptar las cosas como son!

Si consideras que algún deseo, sueño o meta es *imprescindible, necesario, imperioso* y/o *determinante* para tu existencia psicológica o emocional, es muy probable que te apegues a ello con toda la fuerza posible. Por ejemplo: si estás atado al reconocimiento de los demás, actuarás para agradarles, te identificarás con la aprobación y pensarás: "Yo soy lo que digan de mí" o "Yo valgo por lo que me quieren los demás". Esta dependencia te llevará a que te aferres al qué dirán y tratarás de mantenerla a cualquier costo, así tengas que humillarte y negociar con tus principios. Que te guste estar con los demás es comprensible; vivir para agradarles es irracional y nocivo. Por eso la mayoría de los maestros espirituales afirman que el "apego corrompe", porque te revuelca y te lleva a actuar en contra de tus códigos más entrañables con tal de no perder la fuente de dependencia.

Para que puedas empezar a transitar el camino del desapego, ten en cuenta los siguientes puntos aclaratorios:

» *¿Qué es el apego?* El apego es una vinculación mental y emocional (generalmente obsesiva) a objetos, personas, actividades, ideas o sentimientos, originada en la creencia irracional de que ese vínculo proveerá, de manera única y permanente, *placer, seguridad* o *autorrealización.* Léase bien: "permanente" (indestructible, eterno, inmodificable, arraigado). En consecuencia, la persona apegada estará convencida de que sin esa relación estrecha (adherente o dependiente) le será imposible ser feliz, alcanzar sus metas vitales o tener una vida normal y satisfactoria. El pensamiento central que agobia a los dependientes es el siguiente: "Sin mi fuente de apego no soy nada o soy muy poco" o "Sin mi fuente de apego no podré sobrevivir ni realizarme como persona". Es imposible vivir con semejante lastre.

Entonces: *lo que define el apego no es tanto el deseo sino la incapacidad de renunciar a él en el momento oportuno,* y podríamos decir que tal renuncia debe hacerse si el vínculo resulta dañino para la salud mental y/o el bienestar de uno, del mundo y de la gente que nos rodea.

» *¿Varía el concepto de apego según la cultura?* En Occidente el término "apego" se entiende en mayor o menor grado como una manifestación de cariño o de afecto por alguien. Incluso en psicología su significado está relacionado con un tipo de vínculo que establecen los niños con sus padres (figuras de *attachment*)[3]. Sin embargo, en las tradiciones orientales el apego es visto como la causa principal del sufrimiento humano y una forma de adicción[4]. Más concretamente, los budistas se refieren al impulso básico que conduce al apego como sed, apetito, avidez, identificación, deseo necio, anhelo ardiente o querer ciego (*tanha*, en pali)[5].

Si no puedes vivir sin algo o alguien, si piensas que tu vida adquiere significado solo en esta o aquella relación, entonces necesitarás aferrarte a ellas para asegurarla (*upadana*, en pali)[6]; creerás que "eres lo que deseas".

» *¿A qué te puedes apegar?* Prácticamente a cualquier hecho o evento de la vida. Solo para citar algunas posibilidades: podrías apegarte al juego, a las personas (padres, hijos, pareja, amigos), al sexo, a la reputación, a la fama, a la aprobación, a las compras y la moda, a las posesiones materiales, a la comida, a las ideas y los pensamientos, al trabajo, a la riqueza, al poder, al control, a la virtud, a la espiritualidad, al teléfono móvil, a Internet, al sufrimiento, a la comodidad, a la felicidad, al ejercicio físico, a la belleza, al amor, al éxito, a "no perder el tiempo", al pasado, a la tradición, a tu pareja, a la autoridad, y a infinidad de otras cosas y situaciones. La dependencia psicológica no discrimina ni parece tener límite. En una sociedad cada vez más consumista, muchos de los apegos a los que me referiré son socialmente aceptados y se amparan en distintos tipos de intereses (ver Apéndice).

» *¿Desear es apegarse?* El deseo no es apego, no lo confundas. Sin el deseo "perderíamos nuestra esencia", decía Spinoza, o "seríamos unos fríos seres pensantes", afirmaba Aristóteles. Desear, anhelar, interesarse por algo o alguien es normal, siempre y cuando *no caigas en la obsesión y estés listo para la pérdida*. Si fumas y degustas un cigarrillo de vez en cuando, serás un "fumador social", pero si te embutes tres cajetillas en un día, prendes uno tras otro y te desesperas cuando te impiden fumar, el tabaco se habrá apoderado de ti. Comerte un trozo de pastel y disfrutarlo es lo más natural del mundo, pero si quieres el pastel entero y sientes que necesitas imperiosamente comer más y más para saciar las ganas, estarás "dulcemente apegado". Deseo y apego, seductor y seducido: ese es el juego que debes evitar[7].

» *¿El apego es adicción?* No cabe duda. La palabra "adicción" se repite en muchos textos budistas antiguos, dando lugar a tal asociación. En realidad, cuando Buda habló de apego nunca pensó en "hobbies" o "actividades placenteras inocentes", sino en una forma de dependencia psicológica compleja y peligrosa. Si consideramos que el apego *es una forma enfermiza de relacionarse con los deseos*, estamos muy cerca de la idea de adicción conductual que maneja la psicología clínica. Para fines didácticos utilizaré los términos "apego", "dependencia psicológica", "dependencia emocional", "dependencia" o "adicción", como intercambiables y sinónimos, a sabiendas de las diferencias conceptuales que existen entre ellos desde el punto de vista técnico.

Hablar de "adicción" pone los pelos de punta a más de uno y hace que los especialistas corran a organizar campañas de prevención. Sin embargo, cuando hablamos de "apego" nadie mueve un dedo y más bien se adopta una actitud complaciente: "¡Ah, es un simple apego!", suele decirse. Pues no hay apegos "simples", todos son dolorosos y afectan la salud mental. Por ejemplo: el apego a la "moda" (no clasificado) es tan difícil de superar como las "compras por compulsión" (adicción clasificada); el apego al "propio cuerpo" (no clasificado) es tan perjudicial como ser adicto al "ejercicio físico" (adicción clasificada); el apego al "poder/dinero" (no clasificado) es tan contraproducente como ser adicto al "trabajo" (adicción clasificada). No importa qué digan los expertos, si estás apegado a algo o alguien, en los términos que explica el budismo o la psicología cognitiva, muy posiblemente sufras de algún tipo de "adicción comportamental" o "abuso" sin sustancias químicas, aunque no cumplas los criterios diagnósticos de una dependencia con mayúsculas[8].

Revisemos un caso de apego a las cirugías estéticas: Josefina era una mujer de veintidós años e hija única de una familia muy adinerada. Pidió ayuda porque no sabía cómo relacionarse con los hombres, ya que sentía que ninguno estaba a su altura. Hasta los trece años había sido una niña obesa, pero con el tiempo logró bajar de peso gracias a una dieta estricta. A partir de ese momento su autoestima mejoró considerablemente, comenzó a tener vida social activa y a salir con muchachos. A los diecisiete años se enamoró de un atractivo joven que le fue infiel un sinnúmero de veces. Ese amor no recíproco la deprimió, por lo que comenzó nuevamente a subir de peso hasta bordear los cien kilos. Fue ahí cuando un médico le sugirió una cirugía bariátrica a la que se sometió exitosamente. Al cumplir veinte años se había transformado en una mujer sumamente atractiva y admirada por su belleza. En una sesión me dijo: "Este es el momento más feliz de mi vida, por primera vez la gente me admira y me quiere". La idea sobrevalorada de la belleza ya estaba insaturada en sus esquemas: pensaba todo el día en su apariencia física, se observaba detalladamente en busca de defectos, hacía ejercicio físico cuatro o cinco horas al día, valoraba a la gente por su grado de fealdad, temía envejecer prematuramente, mostraba síntomas de anorexia y visitaba de manera reiterada a médicos estéticos. Además, gastaba cada vez más dinero en ropa, había descuidado totalmente sus estudios y se había alejado de su familia. Llegué a contabilizar once cirugías estéticas en un año, lo que la convertía en una "paciente quirúrgica insaciable" (apego/adicción a las cirugías plásticas), término técnico para señalar a las personas que, debido a sus distorsiones cognitivas, sienten que siempre deben corregir o mejorar algo de su aspecto físico. También había pasado por infinidad de tratamientos, por ejemplo el *thermage*, la terapia muscular *ultratone* y la mesoterapia; visitaba tres veces por semana un centro de belleza o algún *spa*, y no hablaba de otra cosa que del aspecto físico, lo que la alejaba de las demás personas, quienes la consideraban superficial, vanidosa y egocéntrica.

Su vida era agotadora porque debía mantenerse dentro de un determinado estándar estético extremadamente exigente, y caía en estados de profunda depresión, incluso con ideas suicidas, si no lo alcanzaba. En cierta ocasión me confesó: "Yo no quiero ser atractiva, quiero ser hermosa, la más hermosa, y si no lo logro no me interesa vivir". Cuando se encontraba con una mujer más bella, la ira la consumía por dentro y no dormía pensando qué cosa debía mejorar para vencer a la supuesta "competidora". A veces pasaba por momentos en los que tomaba conciencia de cómo se estaba destruyendo a sí misma, pero rápidamente volvía a la macabra rutina de embellecerse de manera obsesiva; no era capaz de parar. Su mente había creado una necesidad irracional e inalcanzable que se alimentaba de tres fuentes: el *placer* de sentirse bella (así durara unas horas o días), centralizar su *seguridad psicológica* en el aspecto físico (una forma de compensar temores y déficits anteriores) y considerar que su cuerpo, moldeado y perfecto, era una forma de *autorrealización*. Su valía personal dependía de lo que aparentaba y esto implicaba una gran frustración existencial, porque más temprano que tarde los años se le notarían. Cada vez debía invertir más energía para tratar de mantenerse igual y disimular o camuflar lo inevitable.

Un día cualquiera dejó de ir a terapia. Supe de ella al cabo de unos meses cuando alguien me dijo que una cirugía de rostro, por demás innecesaria, le generó una parálisis facial. A partir de entonces se encerró para no dejarse ver por nadie. Según sus padres, se había echado a morir. El apego es como una bola de nieve, arrasa con todo y te lleva a hacer las cosas más ilógicas y peligrosas para obtener una felicidad tan irracional como efímera.

QUÉ ENTENDEMOS POR DESAPEGO

Algunas personas piensan que estar "desapegado" es no desear ni necesitar nada, anular las metas personales y no tener aficiones de ningún tipo. Nada más erróneo: estar desapegado no es estar medio muerto. Como dice el budista Ricard Matthieu, refiriéndose a la dependencia afectiva[9]: "No estar apegado no significa que queramos menos a una persona, sino que no estamos preocupados por la relación...". Esa es la clave: despreocupación y ausencia de ansiedad, no importa con qué o con quién sea el vínculo. El desapego se fundamenta en una *filosofía del desprendimiento*, que no es otra cosa que un intento por ser psicológicamente más libres.

Un peregrino que había renunciado a todos los bienes materiales (sannyasi) arribó a las afueras de una aldea y acampó bajo un árbol a pasar la noche. De pronto llegó hasta él un habitante de la aldea y le dijo que le entregara la joya que guardaba. Y agregó: "El Señor Shiva se me apareció en los sueños y me aseguró que si venía a las afueras de la aldea encontraría a un ser iluminado que me daría una piedra preciosa y me haría rico para siempre". El peregrino rebuscó en su alforja, extrajo un diamante y dijo: "Debe ser este". El aldeano tomó la piedra y quedó asombrado por el enorme tamaño de la misma. "¡Soy el más rico!", gritó de alegría, y se marchó. Pero cuando se acostó, no pudo dormir. Pasó la noche dando vueltas en la cama, ya que una idea fija no lo dejaba en paz. Al día siguiente, cuando apenas amaneció, fue a despertar al peregrino que dormía bajo un árbol y le comentó: "Dame la verdadera riqueza, aquella que te permitió desprenderte con tanta facilidad del diamante. Esa es la que quiero"[10].

Si lo tengo, bien, y si no, también. ¡Tan fácil y tan difícil! Separarnos de lo que nos atrapa irracionalmente o no necesitamos y creemos necesitar. Salir de lo que nos sobra, de lo que no le viene bien a nuestra vida; ser uno mismo a cada instante, a cada pulsación. Que nada ni nadie nos robe la esencia y nos quite el sueño.

Los siguientes puntos aclaratorios te ayudarán a comprender mejor qué es el desapego:

» *¿Qué significa estar desapegado?* En Occidente, la palabra "desapego" suele asociarse con un contenido negativo: indiferencia, desinterés o desamor, cuando en realidad el significado original budista, que es el que tomaré como referencia en este libro, tiene un sentido liberador y positivo: *soltarse o desprenderse de la avidez y/o desistir de lo que nos lastima; emanciparse o liberarse del deseo malsano*[11]. En algunos textos orientales el desapego también puede entenderse como no-apego y no-dependencia[12].

Desapegarse (*vairagya*, en sánscrito)[13] es disfrutar las cosas sabiendo que son transitorias y desarrollar un estilo de vida fundamentado en la *independencia emocional* (no posesión). Implica tener claro que no necesitamos crear una falsa identidad para funcionar plenamente como personas. Lo que define el desapego no es el tipo de conducta, su frecuencia o su topografía, sino la manera en que nos vinculamos con nuestras fuentes de *placer, seguridad* y *realización personal*. Si estamos dispuestos a la pérdida, así disfrutemos el vínculo y lo cuidemos, estamos desapegados. O dicho de otra forma: si no establecemos vínculos obsesivos y ansiosos, seremos emocionalmente independientes.

» *¿Qué implica ser psicológicamente independiente?* Somos dependientes de un objeto o una persona cuando pensamos: "Si lo pierdo o no puedo obtenerlo, mi vida no tendrá sentido". Y somos personas emancipadas (autónomas) o desapegadas cuando pensamos: "Si logro lo que deseo, lo disfrutaré mientras lo tenga, pero si lo pierdo o no puedo conseguirlo, no será el fin del mundo ni se acabará la vida, así me duela". En el desapego sigo adelante, no me deprimo ni me dejo abatir por la pérdida, sencillamente sigo adelante.

Ser "independiente" no es ser poco compasivo o desligarse de los demás. Amar y relacionarse con los otros desde una actitud de desapego/independencia es hacerlo con respeto y libertad. Me interesan las personas, pero no me esclavizo ni destruyo mi valía personal para vincularme con ellas; lo hago desde una posición digna. ¿Qué dar a los demás si no me quiero a mí mismo ni me valoro? ¿Cómo entregar lo que no tengo? No se trata de prescindir de la gente, sino de acercarse a ella sin maltratar ni maltratarse, sin ser servil, sin miedo, sin humillación, sin la carga de la dependencia.

» *¿La gente desapegada es irresponsable?* Desapego no significa "falta de compromiso" con lo que uno hace o dice. No es lavarse las manos. Podemos ser responsables sin sentir angustia o culpa anticipada. El *Bhagavat Gita* (un texto sagrado hinduista considerado uno de los clásicos más importantes del mundo), de hace dos mil seiscientos años, afirma en uno de sus versos:

> Aquel que está siempre satisfecho y no depende de nada, al no estar apegado al fruto de sus obras, aunque esté comprometido en sus actos, no necesita esclavizarse[14].

"No estar apegado al fruto de sus obras…". ¿Habrá algo más cercano a la paz interior? Comprometerse no es esclavizarse ni venderse al mejor postor. La consigna del desapego expresa: *prohibida la esclavitud mental, además de la física.* Y aconseja resistirse a cualquier cosa que avasalle nuestra dignidad o nos sujete emocionalmente, es decir: no aceptar nada que nos robe la capacidad de pensar y sentir como se nos dé la gana.

» *¿Para soltar los apegos necesito tener vida monacal o ser miembro de alguna religión?* La gente desapegada o psicológicamente independiente del siglo XXI anda por la calle como cualquiera, no lleva atuendos especiales, no levita ni es profeta, hace el amor creativamente, le gusta la buena comida, va a fiestas, maneja un automóvil, se casa o se separa, discute y se ofusca, defiende sus derechos, toma partido, practica deportes, en fin: no se parece mucho a un asceta consumado de la vieja guardia (aunque suele simpatizar con las enseñanzas antiguas). Si bien hay personas que eligen llevar una vida monástica inspirada en el desapego, lo cual es muy respetable, hacerlo no es una condición necesaria para lograr una existencia no apegada y repleta de bienestar. Si no eres un ser trascendido que habita más allá del bien o del mal, tendrás que aprender a desapegarte con tu bella y terrible humanidad a cuestas.

Veamos un caso de desapego al trabajo: Un paciente sufría de una fuerte adicción al trabajo (*workaholic*). Trabajar era lo más importante en su vida y lo que le daba sentido y motivación a la misma. No podía parar de hacerlo (catorce horas diarias y fines de semana). Si intentaba tomar vacaciones empezaba a sentirse estresado y "poco productivo", e incluso podía llegar a deprimirse si pensaba que estaba "perdiendo el tiempo". Fuera del trabajo nada le divertía o parecía interesarle. Como consecuencia se había alejado de su esposa y sus dos hijos varones adolescentes, quienes reclamaban cada vez más su presencia. Estaba profundamente

DESAPEGARSE SIN ANESTESIA

identificado con su quehacer laboral ("El trabajo lo es todo para mí, es mi razón de ser") y cuando alguien interfería con sus funciones en la empresa donde se desempeñaba, parecía un león defendiendo su territorio ("¡Me pertenece por derecho propio, llevo años armando mi equipo y nadie podrá arrebatármelo!"). Debido a que la ansiedad, el insomnio, los dolores de espalda y la tensión psicológica no lo dejaban en paz, pidió ayuda profesional a regañadientes. Su motivo de consulta fue el que suele presentarse en los casos de adicción/dependencia: "Quíteme los síntomas, pero deje todo lo demás como está", lo cual es imposible porque el problema impregna todo el estilo de vida.

Un día a su hijo menor le diagnosticaron un tumor cerebral, que si bien no era maligno, había que extirparlo mediante una intervención de alto riesgo. El hombre quedó profundamente impactado, como si lo hubieran traído a la realidad por la fuerza. Antes de entrar al quirófano el joven le pidió un favor: "Por favor, papá, no trabajes tanto, ya casi no te veo". Afortunadamente la intervención fue un éxito, sin embargo, mi paciente ya no era el mismo. En una cita me dijo: "Quiero cambiar... Las palabras de mi hijo aún retumban en mi cabeza... Tengo su mirada clavada en el alma... Ayúdeme...". El primer paso hacia el desapego estaba hecho: *humildad y motivación para el cambio*. Luego me preguntó: "¿Qué debo hacer? ¿Dejar de trabajar, renunciar, buscar otra actividad? ¿Qué quiere que haga?". Le respondí que la renuncia no era la solución y que debía seguir trabajando, pero de otra manera: "Las personas sin adicción disfrutan de sus actividades laborales y son igual o más productivas que los adictos al trabajo; además, no descuidan las otras áreas de su vida. Quiero que trabaje sin exagerar, que comprenda que su existencia no puede reducirse a estar en una empresa y producir dinero, éxito, poder o lo que sea".

Presento a continuación una lista abreviada de algunas de las actividades terapéuticas que se llevaron a cabo con él y revocaron sus valores anteriores.

» Diferenciar pasión armoniosa de pasión obsesiva (ver la lección 3).

» Comprender el sentido de la no permanencia de las cosas y aplicarlo a la vida cotidiana (ver la lección 8).

» Revisar la creencia: "El trabajo define a una persona" (ver la lección 5).

» Cambio de valores: "La gente no vale por lo que tiene ni por sus éxitos" (ver la lección 6).

» Aprender a perder el tiempo, vagar, explorar o ir de vacaciones (ver la lección 7).

» Manejo de la incertidumbre (ver el apéndice del libro).

» Buscar una significación o un sentido de vida más espiritual (ver la lección 10).

» Aceptar lo peor que puede ocurrir (ver la lección 4).

» Entrenar autoverbalizaciones y "hablar cara a cara con el deseo" (ver la lección 2).

¿Qué ocurrió con mi paciente? La nueva manera de vivir le mostró sus ventajas. Descubrió que podía lograr lo mismo sin tanta angustia y estrés. Empezó a disfrutar de su familia y los momentos de descanso dejaron de ser una tortura. El presidente de la compañía lo llamó un día porque lo percibía menos motivado que antes. Mi paciente se limitó a decirle: "Sigo cumpliendo mis objetivos con el mismo entusiasmo que antes, pero más relajado, sin estrés ni obsesión". A la junta no le gustó mucho el cambio de actitud, no obstante,

viendo los buenos resultados, los integrantes aceptaron tener un ejecutivo "normal" en vez de un kamikaze laboral.

El proceso para alcanzar el desapego varía de persona a
persona. Hay individuos que con solo comprender la irra-
cionalidad del apego (las enseñanzas básicas de Buda o los
principios de la psicología cognitiva) cambian radicalmente, mientras que otros requieren de varias estrategias psicológicas para liberarse de su dependencia. En el caso de
mi paciente no fue suficiente "comprender los principios"
y hubo que "trabajar" mucho en la terapia para lograr un
cambio significativo. A lo largo del libro verás muchos recursos y técnicas para desapegarte, sin embargo, lo realmente importante, el paso que arrastrará a los otros, es alcanzar
una fuerte motivación hacia el cambio. Ese es el empujón
inicial que te hace despertar y descubrir que estás del lado
equivocado: "Me cansé, ya no quiero depender de ti, seas
cosa, actividad o persona. Lo que quiero es cambiar y ejercer el derecho a intentar ser feliz por mí mismo". El maestro
Taisen Deshimaru dice al respecto: "Despertarse significa
cambiar de valor". Revolución y evolución mezcladas.

Cómo reconocer el apego en uno mismo

Existen seis manifestaciones típicas que definen el apego.
Si presentas algunos de estos indicadores, es posible que ya
estés enredado con algo o alguien de manera inadecuada.

» Indicador 1: Negociar la libertad (*autonomía restringida*).
Si estás apegado no serás el dueño de tus acciones. Estarás bajo la dirección y mando de algo o alguien que
obrará como un amo y te comportarás como un esclavo

obediente y embelesado. Perderás la libertad interior y tu capacidad de decisión como si le hubieses vendido tu alma al diablo. El apego es una patología de la libertad que te quita hasta el último aliento de energía vital.

» Indicador 2: Un impulso incontrolable hacia algo o alguien (des*eo insaciable*).

Nunca estarás satisfecho. Ya sea porque quieres llenar un vacío que no se llena o porque no puedes tener disponible cada vez que se te antoje el objeto/persona de tu apego. Tu sed será inextinguible, y cuanto más recibas, más querrás. Llegará un momento en que el alivio de no perderlo será más determinante que el placer de tenerlo en sí mismo. La dicha inicial se convertirá en dolor.

» Indicador 3: El miedo a perder la fuente de apego (*ansiedad anticipatoria a la pérdida*).

Si piensas que tu fuente de apego lo es todo y el principal motivo de tu existencia, es apenas natural que el miedo a perderla no te deje en paz. La ansiedad anticipatoria será una carga inevitable. Estarás pendiente de cualquier signo o indicador que te haga sospechar de la ruptura del vínculo. Para vencer el apego hay que estar abierto a la renuncia y aceptar lo peor que pueda pasar. ¿Pero cómo hacerlo si el miedo te nubla la razón?

» Indicador 4: La identidad desorientada (*déficit en el autoconocimiento*).

Los que llevan mucho tiempo siendo adictos a una actividad, un bien material o una persona, ya no saben en realidad quiénes son: andan perdidos y no se encuentran a sí mismos. Los dependientes se han entregado tanto a su fuente de apego, que han perdido contacto con su "yo" auténtico. Quizás ya no recuerdes cómo o quién eras antes de establecer la simbiosis del apegado, pero si escarbas en ti mismo con perseverancia volverás a encontrarte y reconocerte.

» Indicador 5: Un instinto de posesión exacerbado hacia algo o alguien (*necesidad de apoderarse o adueñarse*).
La necesidad de posesión y la pérdida de identidad van de la mano. El afán de poseer pretende convertir aquello que se desea en una extensión personal. Cuando el "mí" se apodera del "yo", este se vuelve acaparador y lo quiere todo. La necesidad de adueñarte de las cosas o de las personas te debilitará hasta agotar tus reservas. Como verás más adelante, tener no es poseer. Pensarás que las cosas son para siempre y de manera irracional reducirás tu tolerancia a la frustración a la mínima expresión.

» Indicador 6: Restricción de la capacidad de sentir a causa del apego (*reducción hedonista*).
Tu experiencia vital se limitará sustancialmente porque la fuente de apego absorberá toda tu energía y capacidad de disfrute. Tendrás ojos y aliento solo para mantener tu vínculo de dependencia y no verás ni sentirás nada más: estarás atrapado en una reducción hedonista cada vez mayor. Solo te interesarás por tu fuente de apego. La gente que logra desapegarse descubre que había un mundo vivaz y palpitante a su alrededor que increíblemente había pasado desapercibido.

A lo largo de los siguientes capítulos podrás profundizar en cada uno de estos indicadores y otros relacionados para llegar a tus propias conclusiones y empezar a desligarte. No subestimes el tema, quizás el bienestar ande rondando tu vida y no lo dejas entrar porque el apego decide por ti. El solo intento de soltarte, de cambiar tu filosofía de vida dependiente, te hará sentir mejor y más seguro de ti mismo. Descubrirás un mundo interior del que eres dueño.

PARTE 2

CÓMO IDENTIFICAR EL APEGO Y NO DEJARSE VENCER POR ÉL

> *No te rindas, por favor, no cedas,*
> *Aunque el frío queme,*
> *Aunque el miedo muerda,*
> *Aunque el sol se esconda,*
> *Y se calle el viento,*
> *Aún hay fuego en tu alma,*
> *Aún hay vida en tus sueños.*
>
> MARIO BENEDETTI

Apegarse es sufrir, no importa cómo lo quieras pintar o disimular. Si la dependencia ha entrado a tu vida, el deseo nunca será suficiente para llenar tus expectativas, siempre querrás más y extrañarás tu fuente de apego cuando no esté presente. Algunas personas dependientes justifican su comportamiento afirmando: "Bueno, qué más da, de todas maneras disfruté...". Pero la cuestión no es tan fácil. Como verás más adelante, el placer que surge inicialmente del apego siempre termina transformándose en dolor crónico. Apegarse es matar la dignidad poco a poco, es perder el norte creyendo que vas por buen camino. Las seis lecciones de esta segunda parte pretenden agitar tu mente para que recobres el "buen sentido" y salgas de la modorra que genera el apego.

Lección 2

EL APEGO ESCLAVIZA
Y QUITA LIBERTAD INTERIOR

Si no tienes libertad interior,
¿qué otra libertad esperas poder tener?

Arturo Graf

La libertad no es negociable

Si sufres de apego, llegará un momento en que la *pérdida de la libertad* te amargará la vida[15]. Quizás el placer y la euforia inicial no te dejen ver esto con claridad, pero más temprano que tarde la fuente del apego controlará tu vida. Dirás una y otra vez, como un autómata entrenado: "Todo lo que hago, lo hago por ti", y harás cualquier cosa para retener el objeto o persona de tu apego: te arrastrarás, suplicarás, gastarás tiempo y esfuerzo e incluso tratarás de engañarte a ti mismo viendo las "ventajas" de ser un "buen esclavo". Los budistas sostienen que un paso importante hacia la liberación psicológica es comprender que en realidad *tú eliges tus propios amos y eres víctima de tu propio invento.*

Un joven novicio preguntó a su maestro zen: "Por favor, muéstrame cómo liberarme de la atadura".

El maestro dijo: "¿Quién te ha atado?".

El alumno respondió: "Nadie me ha atado".

El maestro, entonces, le dijo: "Si nadie te ha atado, en realidad eres libre. ¿Por qué debes liberarte?"[16].

Si piensas: "No puedo vivir sin esto o aquello", estás mal (y no me refiero a las necesidades básicas fisiológicas o psicológicas, como verás más adelante). Entregar el poder a alguien o algo para que te domine y se apodere de tu mente es una forma de suicidio psicológico. No importa qué tan distinguido o socialmente aceptado sea el "amo": manejará tu vida a su gusto, serás su títere. Todos los apegos se mueven en la misma dinámica, da igual que sea una barra de chocolate o alcanzar la fama: si no eres capaz de vivir sin "eso", estarás psicológicamente limitado. Insisto, no interesa que sea un "buen amo": aquello que te domina terminará por hundirte.

¿Por qué utilizo la palabra "esclavo"? Porque una vez que la dependencia se infiltre en tu mente, estarás aprisionado y te será muy difícil renunciar a los efectos placenteros del apego o alejarte de él cuando debas hacerlo. Tus movimientos se verán restringidos y tus pensamientos y emociones estarán condicionados a los vaivenes de lo que dependas: pedirás permiso hasta para respirar. Recuerda que el deseo, por sí solo, no es apego: se necesita el enganche, la obsesión, la incapacidad de renunciar a él. Una antigua canción romántica decía: "No hay mayor libertad que estar atado a un corazón". Puras sandeces: estar atado es estar atado. Esclavo feliz, pero esclavo al fin. La dependencia, con o sin droga, es una patología de la libertad: *estar poseído por tus posesiones, estar aferrado a tus deseos insaciables.*

ATRAPADO EN LA RED

¿Ya te capturó Internet? Si es así, te habrás dado cuenta de que tu mente se hace más pesada y menos lúcida ante lo real[17]. Inhalas y exhalas datos, te diluyes en la pantalla y haces el amor virtualmente con sujetos virtuales (sin olor, sin sudor, sin tacto). No es de extrañar que para muchas personas la felicidad se mida por los megas disponibles.

Los apegados a la red viven dichosos hasta que se cae la señal. Cuando esto ocurre hay paralización básica de sus funciones cognitivas y afectivas. La dosificación de la droga informática se desvanece en el aire, literalmente, y el síndrome del "desconectado" o "desenchufado" (*unplugged*) hace su aparición: incertidumbre, pérdida de control, "nostalgia tecnológica" y fenómeno de espera, todo junto y revuelto[18]. Y si el servidor no soluciona rápidamente el problema, la crisis va en aumento y los afectados muestran una notable incapacidad para utilizar el tiempo disponible. ¿Qué hace un esclavo con el libre albedrío cuando nunca ha hecho uso de él? Pues asustarse. Miedo a la libertad, decía Fromm, que no es otra cosa que tener que hacerse cargo de uno mismo sin saber cómo hacerlo. La desconexión sostenida de la red genera en el adicto a Internet una pregunta existencial angustiante: "¿Qué hacer con el mundo real?".

Las investigaciones muestran que los síntomas psiquiátricos de los adolescentes adictos a Internet son muy parecidos a los de aquellos jóvenes que sufren de abuso de sustancias químicas[19]. Aunque "los amos" son distintos, la esclavitud complaciente es la misma: "Haz de mí lo que quieras, pero no me dejes". En algún lugar leí el siguiente relato: "Un señor llega a un consultorio médico y expresa sus síntomas: 'No sé qué me pasa, doctor: no levanto la cabeza, me río solo, no me comunico con la gente, me hablan y no pongo cuidado... Estoy preocupado, ¿qué cree que tengo?'. El doctor se queda pensado y dice: '¡Un BlackBerry!'".

EL AFRODISÍACO DEL PODER

Analicemos a los individuos apegados al poder, quienes generalmente tienen cargos políticos o puestos empresariales importantes (piensa en tus conocidos y seguro encontrarás uno). Una primera impresión de cómo viven nos llevaría a concluir que estos personajes que ostentan el poder son dueños de sí mismos y esencialmente libres. Nada más falso. El adicto al poder no solo es prisionero de sus ansias de ordenar, dirigir e influir sobre los demás, sino también de tener subalternos sobre quienes ejercer el mando: *para que haya supremacía manifiesta debe haber alguien que acepte ser sometido a la obediencia*[20]. Lo peor que les puede pasar a los que tienen ínfulas de "amo" es carecer de "esclavos". El mandamás requiere y depende del subalterno para realizar su fantasía de superioridad, esa es su tragedia. Cuando la relación se da entre un "dominador" y un "dependiente", el vínculo termina siendo una mezcla sadomasoquista de intenso poder. Dichosamente indisolubles: no puede existir el doliente sin el verdugo. *El adicto al poder necesita a quien mandar y, por tal razón, es esclavo de sus esclavos.*

Por donde lo mires, considerar que algo es imprescindible para tu realización, felicidad o supervivencia, sin serlo, te debilitará interiormente y te hará quedar muy por debajo en la escala de la supervivencia. Ruega que tus enemigos no descubran tus necesidades psicológicas y emocionales, te harían papilla en un instante.

DEPENDENCIAS COMPARTIDAS: LA DOBLE OPRESIÓN

He aquí una ilusión que sufre la mayoría de los apegados, aunque no siempre estén conscientes de ello: *la persona apegada sueña con que su fuente de apego también esté atada a ella.* Cada quien con su desvarío. Esa es la ilusión secreta que alberga todo corazón apegado: la relación perfecta no sería otra que dos "dependencias dependientes". Más aún, les encantaría que los objetos de su apego pudieran hablarles y confesar sus fantasías simbióticas. Sería extraordinario que un cigarrillo pudiera dirigirse al que lo aspira: "¡No soy nada si no me chupas!", "¡Inhálame, por favor!", "¡Llévame hasta el cerebro!". ¿Imaginan el placer multiplicado que podría llegar a sentir un adicto? Pero es solo una fantasía, una ensoñación del deseo que guía el apego y nos lleva al delirio de una esclavitud correspondida.

Sin embargo, la ilusión podría hacerse realidad cuando nuestra fuente de apego son seres vivos. El perro que amas, que cuidas y que se ha vuelto imprescindible para ti, te recibe cuando llegas a tu casa, mueve la cola, es gracioso, te ladra, te pasa la lengua; en fin, te corresponde y te hace sentir su "apego canino". Con los seres humanos el vínculo de reciprocidad se hace más fuerte gracias al lenguaje. El otro puede

decirte abiertamente y sin tapujos: "Soy tuyo" o "Soy tuya".
Y si respondes: "¡Qué coincidencia, yo también soy tuyo o
tuya!", la fantasía se hace realidad y estallan los fuegos artifi-
ciales; un solo corazón, una sola alma, una sola cadena. En
conclusión: el sueño de todo apegado es que su fuente de
apego sufra también de apego hacia él. Una señora me decía:
"¡Estoy feliz! ¡Mi marido sufre por mí más de lo que yo sufro
por él!".

La "necesidad" te esclaviza, la "preferencia" te libera

En el *Udana* (un antiguo texto budista) encontramos estas palabras que se le atribuyen a Buda:

> ¿De qué sirve un pozo
> si hay agua por todas partes?
> ¿Qué queda por buscar
> si se cortó la raíz del deseo? [21].

Si no tengo sed (necesidad), ¿para qué un pozo de agua?
Si no hubiera deseo, no habría nada que buscar, nada que
resolver, nada que saciar. Y si no tengo apego, no habrá
nada que cortar, nada que mantener. Por ejemplo, si necesitas estar a la moda para pavonearte y que los demás
te admiren, buscarás con desespero las últimas tendencias.
Dirás: "No puedo descuidarme y quedarme atrás"; pero si
las novedades de temporada no te desvelan y te importan
un rábano, la moda no será un problema (¿para qué el pozo

de agua?). Si eres víctima de la *necesidad de control*, tratarás de no dejar nada al azar y evitarás la incertidumbre a toda costa; pero si aceptaras lo peor que pudiera pasar, si realmente te dejaras llevar por las contingencias, la búsqueda de la certeza dejaría de ser vital (¿para qué el pozo de agua si no hay sed?).

Cuando estás bien contigo mismo (autoaceptación), las necesidades psicológicas y emocionales no serán tantas, no quedarás atrapado en las "carencias", y una agradable sensación de soltura y naturalidad será la que guíe tus actos. El maestro zen Taisen Deshimaru dice al respecto:

Cuando lo abandonamos todo nos despojamos de todo y se termina con la consciencia personal, en ese momento serás Dios o Buda. Cuando todo se ha acabado, no existe ninguna contradicción[22].

Obviamente, hay necesidades primarias y adaptativas que tienen que ver con la supervivencia, ya sea biológicas (respirar, comer, dormir) o psicológicas (desarrollar nuestro potencial, amar), de las cuales no podemos prescindir si queremos sobrevivir[23].

¿Cómo manejar las necesidades en general (innatas o creadas por el consumismo) sin que nos avasallen y terminemos dependiendo de ellas? Lo principal es orientarlas, redefinirlas bajo una nueva perspectiva y ubicarlas en otro esquema. Darles el estatus de "preferencias" y no de impulso ciego e imperativo[24]. Y no es un mero juego de palabras. El enamorado pregunta: "¿Me necesitas, mi amor?", y ella responde: "No, te prefiero", que es lo mismo que decir:

"Elijo estar contigo". "Necesitar" algo o a alguien significa no poder vivir sin ello, "preferirlo" implica haberlo elegido entre otras opciones disponibles. No decide la carencia, el vacío, la escasez o la privación, sino el gusto dirigido por uno mismo.

Esta elección se da frente a dos preceptos contrapuestos, uno positivo y uno negativo: "Te prefiero y me regocijo" (así pueda perderte, porque no eres imprescindible para mi vida) o "Te necesito y me deprimo" (no soportaría perderte porque eres indispensable para mi vida). De no existir la preferencia, la carencia/necesidad mandaría sobre nosotros y seríamos cada día más primarios. Pese a todo, es posible hacer que el impulso inicial de la necesidad se mantenga dentro de ciertos límites y modularlo. Veamos un ejemplo: Si piensas: "Es *absolutamente necesario* (forzoso, obligatorio) ser el mejor en todo lo que hago", la frustración no tardará cn aparecer porque siempre habrá alguien que te supere en algún aspecto y tu ego no lo soportará. La necesidad imperiosa de sobresalir lleva indefectiblemente al pensamiento dicotómico: "Soy el mejor o no soy nada"; euforia o tristeza. En cambio, si dijeras: "*Preferiría* ser el mejor, pero si no puedo tomar la delantera, me conformo con estar dentro de los que se destacan", el espectro de posibilidades se ampliaría y disminuiría la autoexigencia irracional. Ya no existiría el "tengo qué" irrevocable para alcanzar el bienestar. Y si quisieras avanzar aún más, podrías mantener el siguiente diálogo interior: "*Preferiría* ser el mejor, sin embargo, lo más importante es quedar satisfecho conmigo mismo: *no necesito* competir y ganar para sentirme bien". Cuantas menos necesidades tengas, más libre serás, habrá menos cosas que cuidar y conservar. Guarda esta conclusión en el disco duro:

la gente más saludable y contenta es la que se deja llevar mucho más por sus preferencias que por sus carencias/necesidades.

LA PRÁCTICA DEL DESAPEGO: CÓMO RECUPERAR LA LIBERTAD INTERIOR Y NO DEJAR QUE LA DEPENDENCIA TE DOMINE

1. Activar el Espartaco que llevamos dentro

Independizarse psicológicamente significa prescindir del vínculo de apego y dejar de ser prisionero de lo que te ata. Es cuestión de abrazar la soledad y reducir los deseos insalubres que te dominan: un toque ascético y atrevido. ¿Te animas? A la persona dependiente, con solo pensar en despegarse se le hiela la sangre. Pese a las buenas intenciones, no es fácil soltarse cuando estamos acostumbrados a la referencia, la protección y al dispensador de placer/afecto. Para hacerlo necesitamos estrategias, técnicas y un convencimiento profundo que llegue de los huesos. Recuerda que la gente apegada ha perdido la brújula interior que los guía. En el *Dhammapada* (un texto sagrado del budismo antiguo) se lee:

En verdad, uno mismo se destruye, es uno mismo quien se mancilla o ensucia. Es uno mismo quien evita el mal o quien se depura. La pureza y la impureza mental dependen de uno, son personales y nadie puede purificar a otro[25].

Mala noticia para los apegados: *eres tú mismo quien se hace el mal a sí mismo.* Si eres dependiente, a la mínima señal correrás mansamente detrás de tu fuente de apego, de la misma manera que un ternero recién nacido va detrás de la vaca. ¿Qué hacer entonces? Recurrir a una de las maniobras más contundentes de la sabiduría antigua, una que ha perdurado durante miles de años: *que el "amo" te importe un pepino*. Revertir el motor de búsqueda. Despreocupación descarada, indiferencia de la buena y expresada en la siguiente afirmación: "Si logro estar sin ti, habrás perdido todo poder sobre mí y en consecuencia seré libre". La gente se cansa de rendir pleitesía. De un momento a otro, como un pez que inesperadamente salta de las redes, volverás a tu medio natural. Esto no significa que debamos alejarnos siempre de aquello que queremos, lo que implica es movernos dentro de los límites de nuestros principios: "Vivir sin amos".

Repitamos el pensamiento de una mente en vías de liberación referido a su fuente de apego: "Ya no me importa lo que me das y además no me importa que no me importe". Un esclavo escapado y sin culpas es doblemente liberado. No necesitas hacer la gran revuelta y mover la conciencia de toda la sociedad; es mejor que seas un Espartaco silencioso, tan sigiloso como puedas, porque el trabajo va por dentro. Cuando seas capaz de decir honestamente: "Ya no me interesas", habrás recuperado el poder. Esa es la fortaleza de quien descubre su libertad original, ese es su mantra.

2. No estar donde no te quieren o te hacen daño

Supongamos que no te invitaron a una reunión de personas a quienes conoces y aprecias. El rechazo social de la gente que consideras amiga duele y es normal incomodarse.

De todas maneras, no necesitas rumiar durante semanas la cuestión y convertirlo en una tragedia griega personalizada. Una reflexión adecuada frente al problema podría ser: "Hubiera preferido ir, pero no era necesario o imprescindible. Me incomoda que no me hayan tenido en cuenta, pero no dejaré que esto afecte mi vida. Llegado el momento sabré la razón por la cual no me invitaron, y si es porque no les agrado, buscaré nuevos amigos. Mejor enterarme de una vez cómo son las cosas". Realismo categórico.

No digo que seas inmutable y que el rechazo no te afecte en lo absoluto, lo que sostengo es que resulta inadecuado que te regodees en el desaire hasta que te derrumbes psicológicamente. ¿Acaso no puedes vivir sin los que te rechazaron ni hacer amigos nuevos que de verdad te acepten y te quieran? Te sorprendería saber a cuántos les caes mal y que esto en nada ha cambiado sustancialmente el rumbo de tu vida.

Para salvaguardar tu salud mental sería mejor no dejarte llevar por la curiosidad morbosa y empezar a escudriñar en el asunto más de la cuenta: "¿Por qué?", "¿Dónde?", "¿Cuándo?", "¿Qué hice mal?". Obsesiones, pensamientos intrusivos que te lastiman. Quédate en lo importante, no te desvíes. La solución es sencilla y con carácter definitivo: *si verificas que no fuiste bienvenido, empaca y vete, o no vuelvas.* ¿Qué más te queda? No preguntes nada: mutis por el foro, silenciosa y decorosamente. Y mientras te vas yendo, que tu pensamiento repita como un ritual tibetano desconocido: "No merece estar conmigo quien no me quiera". Y adiós.

3. La abstinencia es un sufrimiento útil
que ayuda a desapegarte

Independizarse emocionalmente tiene un costo: lo que se conoce como el fenómeno de *abstinencia*[26]. Dejar de recibir la dosis diaria de nuestras adicciones preferidas descompensa el organismo y lo altera a nivel sistémico. Hay dolor y desesperación. En las dependencias la curación es paradójica: *sufrir para dejar de sufrir*. ¿Recuerdas al personaje de la película *Matrix*, cuando tomó conciencia de la verdadera realidad? Sufrió un ataque de pánico, sintió náuseas, tuvo síntomas de despersonalización, en fin, perdió el norte por unos instantes.

Despertar es derribar todos los puntos de referencia y caminar en el vacío: es estar radicalmente solo, para luego volver a nacer. Desprenderse de una fuente de apego duele porque el organismo está habituado y ha creado un condicionamiento; pero es un dolor curativo.

Una vez me contaron de un oso al que metieron en una jaula de seis metros de largo por varios meses. El animal se la pasó caminando de un lado para otro, nervioso y sin parar. Cuando finalmente lo sacaron de la jaula, siguió recorriendo los mismos seis metros de ida y vuelta, incapaz de ir más allá de ese estrecho margen. La celda se le había dibujado en la cabeza e incrustado en el cerebro. Pues como aquel oso, la mayoría estamos atrapados en el espacio mental de nuestros condicionamientos. *No puedes liberarte en la acción si no lo haces primero en tu interior*.

Para ser libre en lo emocional no hay que matar al amo, basta con quitarle el poder psicológico que este tiene sobre ti siendo indiferente: alejarte mentalmente. Como dije antes: "No me importas, no te necesito". Ni asco ni rabia, ni gusto ni disgusto, solo inapetencia, lejanía psicológica, toma de conciencia afectiva: "No le vienes bien a mi vida".

Nadie puede hacerte esclavo sin tu consentimiento. ¿Quién puede obligarte a sentir, soñar o querer algo en especial si no deseas hacerlo? Al respecto, un maestro espiritual solía decirles a sus discípulos:

Las mejores cosas de la vida no pueden lograrse por la fuerza.

Puedes obligar a comer, pero no puedes obligar a sentir hambre;

puedes obligar a alguien a acostarse, pero no a dormir;

puedes obligar a que te elogien, pero no a que te admiren;

puedes obligar a que te cuenten un secreto, pero no a confiar;

puedes obligar a que te sirvan, pero no a que te amen[27].

4. Listas de liberación personal

Estos registros te permitirán adquirir fuerza interior para romper con el molde de la parsimonia conductual y ponerte a prueba. Para acabar con los apegos hay que sacar a flote las fortalezas personales.

» *Lista de incapacidades imaginarias.* Escribe lo que no te animas a hacer porque dudas de tus capacidades ¿Quieres pintar un cuadro, pero piensas que eres muy torpe?, pues dale forma estética a la torpeza. ¿Te gustaría cantar en un coro, pero lo haces como una chicharra?, pues ve, preséntate y deja que te echen o se resignen a tu voz, al menos lo habrás intentado. Haz la lista de lo que quisieras hacer y ordena las actividades por grado de dificultad antes de ejecutarlas; comienza por lo más fácil a lo más difícil para que no huyas ante el primer obstáculo. La meta es hacerlo lo mejor que puedas y derrumbar los mitos negativos sobre ti mismo. El intento basta, luego irás puliendo la forma en que lo haces.

» *Lista de dependencias irracionales.* Haz un listado de las personas de las que dependes innecesariamente. ¿A quién recurres con más frecuencia? ¿Por qué lo haces? ¿Pereza, miedo, sentimientos de inseguridad o ineficacia? Una vez más, ordénalos por grado de dificultad y comienza a actuar sin ayuda y a independizarte de ellos. Por ejemplo: llevar el automóvil al mecánico, decidir sobre citas médicas, retirar dinero del banco o comprar alguna cosa. Aduéñate de tus decisiones. Sacúdete de los sabelotodo que te muestran el camino y te indican por dónde ir pero no te dejan ir solo.

» *Lista de sueños aparentemente irrealizables.* Todos tenemos cosas que nos hubiera gustado hacer y que hemos postergado por una u otra razón. De más está decirte, parafraseando a Krishnamurti, que el futuro es hoy. Haz un listado loco y sin control sobre tus deseos más sentidos. Lo que quieras: tirarte en paracaídas o cambiar de sexo, no importa. Lo que tus sueños señalen y el instinto te indique. Constátalos, déjalos grabados en el papel y que ellos te confronten cada mañana. Llévalos contigo y ya no postergues, es ahora o nunca.

Una paciente de sesenta y cinco años me dijo una vez: "Siempre he tenido miedo a hacer el ridículo y por eso me visto así, tan formal, como una viejita". Le pregunté qué le hubiera gustado hacer con su vestuario actual y respondió sin dudarlo un instante: "Tirarlo a la basura". Después de unas citas fue lo que hizo. Regaló noventa por ciento de su "ropa de anticuario" y empezó a inventar una moda acoplada a sus gustos. Comenzó a vestirse con boinas de colores y bufandas a rayas, vestidos largos y faldas hindúes brillantes. Remplazó su maquillaje pálido por uno más colorido y desinfló el peinado que crecía sobre su cabeza como un merengue, ¡estaba feliz! Un día me dijo en voz baja, como si estuviera en un confesionario: "Ya no uso ropa interior", y soltó una carcajada. El apego al qué dirán, a lo formal y a los años le impedía jugar con su propia apariencia y explorar otros recursos estéticos, además de ser ella misma en otras áreas. Así es la libertad emocional: encuentra una rendija y se cuela, y una vez dentro de la mente barre con toda la basura acumulada. Del cambio de look, mi paciente saltó a otras cosas que nunca había sido capaz de hacer, como estudiar violín, enfrentar a una hija que la explotaba y conseguir un amante. Y no importa qué tan simple o absurdo pueda parecer el comienzo del cambio, cada quien decide lo que es relevante para su vida y qué puerta abrir.

5. Quitarle poder a las necesidades irracionales

Los apegos que nos molestan y amargan la vida no tienen por qué ser trascendentales o estrafalarios. La mayoría de las veces son problemas sencillos del día a día, que sin embargo hay que enfrentarlos, resolverlos o quitarles preponderancia. Recuerda que el apego se impone porque deseas o necesitas algo de lo cual no podrías prescindir o renunciar si realmente quisieras: allí radica su poder.

En cierta ocasión a un paciente se le dañó el calentador de agua. Siempre había odiado bañarse con agua fría, así que no tener agua caliente era un problema que debía resolver de manera prioritaria. Su empleada de servicio estaba en una posición similar porque amaba el lavavajillas y este no funcionaba sin agua caliente. Todo lo anterior cobró especial significado porque el daño ocurrió un jueves 31 de diciembre, a las cinco de la tarde, y si no encontraba algún plomero urgente pasarían varios días en esa situación. Después de mucho intentar logró contactar a un señor que fue hasta su casa y le dio la mala noticia: el aparato tenía una pieza dañada y había que esperar hasta el lunes para conseguirla. Ante la desesperación, le pidió al hombre que le cambiara todo el calentador costara lo que costara, pero la fábrica tardaría diez días para entregarla, ya que todo el mundo estaba de vacaciones.

Ante esta imposibilidad de hacer nada, se tomó una dosis doble de clonazepam y me llamó. Cuando le pedí que tratara de identificar qué lo hacía sentir así de mal, me respondió que no era capaz de bañarse con agua fría. Entonces le dije lo siguiente: "Millones de personas en el mundo se bañan con agua fría, ya sea por obligación o porque quieren. Como veo la cosa, el agua caliente tiene un enorme poder sobre usted porque le está absorbiendo energía y tranquilidad. Quítele ese poder. Si logra bañarse con agua fría, así sea molesto, ya no estará tan pendiente de si se arregla o no el calentador, dejará de ser imprescindible y determinante para su bienestar. No se deje manipular por un ridículo calentador, no dependa de él para sentirse bien". Se quedó pensando unos segundos y me dijo en tono tajante: "Así lo haré". Durante los tres días siguientes mi paciente decidió independizase del agua caliente. Se metió a la ducha fría unas veinte veces, y mientras estaba bajo el agua gritaba una y otra vez: "¡No me vas a ganar!", "¡No me vas a ganar!". La esposa dudó de su cordura y de la del psicólogo. El lunes llamó el plomero y le dijo que el arreglo demoraría unos días más, a lo cual mi paciente respondió: "No se apresure, tiene todo el tiempo del mundo". Su mente hizo un giro: ya no necesitaba imperiosamente del agua caliente. La prefería, es verdad, pero con un mínimo de esfuerzo podía vivir sin ella. Había roto el mito de la imposibilidad.

Puedes hacer algo similar con cualquier otra necesidad irracional: afrontarla e intentar prescindir de ella, a ver qué ocurre. Intentarlo como un reto o un desafío: "Puedo estar sin ti", de verdad y sin excusas. Una estrategia de resolución de problemas para reevaluar y redimensionar la necesidad, ensayando a propósito la conducta que tememos o nos molesta. El agua caliente llegó a la semana sin más dramatismos de su parte. Hoy, una vez por semana se baña con agua fría para no perder la costumbre, y lo disfruta.

LECCIÓN 3

EL APEGO SIEMPRE VA ENGANCHADO A UN DESEO INSACIABLE

Mi felicidad consiste en que sé apreciar lo que tengo
y no deseo con exceso lo que no tengo.

LEÓN TOLSTÓI

LA INFLACIÓN EMOCIONAL O EL FENÓMENO DE LA TOLERANCIA

En el mundo de las adicciones y las dependencias existe un fenómeno inflacionario que se conoce como *tolerancia*[28]. Cuando la dosis, sea química o psicológica, se repite una y otra vez, el cerebro se habitúa a ella y necesitará cada vez una mayor porción de lo mismo para mantener el efecto placentero inmediatamente anterior. El organismo intentará de este modo restablecer el equilibrio producido por la carencia, repitiendo la estimulación deseada una y otra vez. Si comes chicle, lo habrás notado, la secuencia es como sigue: primero es un chicle el que te produce la sensación agradable; luego necesitas dos o tres para que tus papilas gustativas conserven el sabor, y cuando menos lo piensas, te terminas una caja y te conviertes en un feliz rumiante. Lo mismo ocurre con cualquier elemento adictivo. Te gusta alguien, te acostumbras a él y tu cerebro pide más de lo mismo. Ya no te alcanza con andar del brazo de la persona amada y estar a su lado por unas cuantas horas a la semana, la quieres para toda la eternidad. Incluso llegas a preguntarte: "¿No podré incrustarla en mi vida y que forme parte de mí como un gran apéndice? Lo que en verdad anhelas, apeteces y necesitas es que la relación sea *permanente, predecible* y *controlable.* Y como no existe tal certeza en ningún tipo de vínculo, el deseo te mantendrá frustrado las veinticuatro horas del día. Lo sorprendente es que a pesar de la ansiedad y malestar que genera la dependencia, es muy probable que no entres en razón y sigas, tozudamente, alimentando falsas esperanzas y persiguiendo cosas inalcanzables.

Así es el mundo babeante del apego. Lo que comienza con una simple atracción/placer termina en una especie de inflación bioquímica y psicológica que raya en el absurdo: "Necesito más de lo mismo para obtener lo mismo". Todo sube. Ya no basta media hora de ejercicio físico, necesitas sumarle quince minutos diarios para que el esfuerzo de los músculos se haga sentir. Al mes ya estás en una hora y media extenuante y antes del año reúnes los requisitos para ser considerado un adicto al ejercicio. Todo sube...

"ME HACES FALTA, MUCHA FALTA, NO SÉ TÚ..."

El proceso que subyace a la dependencia nunca se detiene y sigue profundizándose. Un plus difícil de procesar y manejar hará su aparición: la "nostalgia dependiente". Da igual que sea por alguien querido, un tractor o un bulto de papas, el mecanismo no cambia: empezarás a extrañar el objeto o la persona de tu apego en cuanto te separes de ellos, así sea por unos minutos. En el inicio de una actividad agradable pensamos muy parecido a Buda: "Si lo tengo, bien, y si no, también", pero al cabo de un tiempo, esta incipiente sabiduría del desprendimiento comienza a sufrir una transformación negativa, y la añoranza hace de las suyas. Cuando te invada el virus de la dependencia, no querrás desprenderte ni un segundo de tu fuente de apego y desearás repetir y mantener la experiencia cueste lo que cueste. Necesitarás compensar con urgencia el desbalance que te genera la ausencia. Un paciente me decía con lágrimas en los ojos: "Extraño mi automóvil". Se lo habían robado hacía un mes y el reemplazo no llenaba sus expectativas. Quería el "suyo", el original, el que, según él, "auténticamente le pertenecía". El nuevo no era más que una simple prótesis, un burdo simulacro de felicidad.

Insisto: no hablo solo de apego a seres vivos, sino también a objetos físicos, símbolos o cualquier cosa a la que nos hayamos enganchado. He visto a gente "extrañar el ordenador" como se extraña al novio o la novia. Hace pocos meses un amigo perdió su iPad y finalmente lo pudo recuperar. El "encuentro" que presencié entre el aparato y su persona fue

realmente sobrecogedor, como aquellas comedias románti-
cas de Hollywood con las que lloran hasta las butacas. Él
abrazó su tableta y por momentos me pareció que ella hacía
lo mismo.

BODY VICTIM

Existen símbolos que nos ubican en una realidad que no
siempre corresponde a lo que somos y que se constituyen
en señales de seguridad, algunas costosas y tangibles, como
un traje de Versace o un bolso de Louis Vuitton, y otras
menos tangibles, como la belleza percibida y la relación que
establecemos con nuestro cuerpo. En un mundo donde todo
hace sospechar que la gente vale por lo que aparenta, ¿quién
no ha sufrido alguna vez por la apariencia física?

Las víctimas de la no aceptación del propio cuerpo (*body
victim*) van en aumento. Los esclavos de la imagen física
se multiplican buscando desesperadamente encajar con el
patrón establecido de lo que se considera bello y están dispuestos a todo, como vimos en el caso del apego a la cirugía
estética. Cada vez más los anuncios difunden una relación
de correspondencia que no es cierta: "Belleza es salud".

Tener problemas de autoimagen te amargará la vida, ya
que el patrón de lo que se considera bello está diseñado para
que invariablemente te falte algo: *hagas lo que hagas, nunca podrás ser tan hermoso o hermosa como los especialistas establecen que deberías ser.* Siempre te faltará o sobrará
algo, para que las empresas dedicadas a la belleza vendan
cada vez más. Así está planeado. Es una trampa acompa-
ñada de una falsa solución, porque las cremas, los ciruja-

nos y la infinidad de nuevos tratamientos disponibles en el mercado no harán que alcances lo inalcanzable. ¿La salida? No tomarte la estética corporal "socialmente aceptada" en serio y admitir la realidad, así parezca cruda y dura, tal como decía Buda y sugerían los estoicos, en especial Marco Aurelio: "Tu cuerpo no es más que un saco de fluidos, huesos y porquerías gelatinosas". Lo demás, "lo magnífico" o lo "bien parecido" se lo agregas tú y la cultura existente. Lo más saludable no es ser "lindo" o "linda", sino aceptarse incondicionalmente y bajar de revoluciones que te empujan a perseguir un imposible.

El *Dhammapada*, en su sabiduría, reafirma la anterior reflexión:

Tarde o temprano este cuerpo físico acabará extendido sobre la tierra, ignorado, sin conciencia, como un tronco de madera inútil[29].

Realismo estético. Crudeza liberadora que muestra el cuerpo en su natural evolución, así no les guste a quienes aman los concursos de belleza y creen que valen por su aspecto físico. Los que sufren de apego a la belleza no tendrán un minuto de descanso porque la vida les jugó una mala pasada: envejecen segundo a segundo. La realidad implacable del tiempo les dejará en la piel más de un surco, así la lógica de la decoración o la simulación (maquillaje y demás) intenten ocultar lo evidente. He aquí un conflicto típico: ¿teñirse las canas o lucirlas con garbo y naturalidad? Intentar verse bien y gustarse sin obsesiones ni esquemas comparativos es adaptativo y funcional para la autoestima, pero angustiarse porque "no somos físicamente como nos dicen que deberíamos ser", es apego despiadado, y además estúpido.

EL GLOTÓN QUE LLEVAMOS DENTRO

Los apegados del mundo reclaman y exigen estar con sus fuentes de apego, porque además de producirles placer, seguridad y autorrealización, también le otorgan sentido a sus vidas. Por eso quieren más, por eso no se resignan a la pérdida. La cuestión no solo es fisiológica (gusto, placer, ganas, impulso), sino también existencial (significado). Ambicionar más, siempre más, a cada respiración, a cada instante: "El amor que me das no me basta", "Necesito más tiempo frente al ordenador", "Si no salgo de compras todos los días me deprimo", "Quiero más poder", "Quiero más dinero, no puedo parar", y así. Montañas rusas emocionales auspiciadas por una dependencia que nos desplaza del cielo al infierno en un instante, y luego nos sube otra vez. El apego es insaciable por naturaleza, ya que detrás de cada persona dependiente hay un niño insoportable y glotón que dirige los hilos y le apetece todo.

En cierta ocasión, un pobre mendigo se encontró con un caminante que poseía un don especial: todo lo que tocaba se convertía en algo valioso. Al ver la pobreza del hombre mendigante tomó una piedra, rascó su uña sobre ella y la convirtió en un gran diamante: "Con esto podrás vivir el resto de tu vida", le dijo al mendigo. Este se quedó mirando el obsequio y respondió: "Bueno, tú sabes que la vida está muy cara. Todo sube…". El caminante entonces tomó un montículo de tierra, pasó su mano y le entregó una bolsa repleta de piedras preciosas. "Toma, con esto serás uno de los hombres más ricos de la tierra". El mendigo recibió la bolsa, la sopesó a ojo y mostró un gesto de insatisfacción. "¿Qué pasa?", preguntó el viajero. "No sé", murmuró el otro, "de todas maneras, no estamos exentos de imprevistos". Asombrado por la actitud, el caminante exclamó: "¿Pero qué más quieres?". El mendigo respondió sin tapujos: "¡Quiero tu dedo!"[30].

EL ARTE DE TRASFORMAR UN DESEO NORMAL EN DOLOR DE CABEZA

La mente humana tiene la curiosa habilidad de convertir cualquier deseo agradable y relajado en un problema psicológico. El siguiente relato lo escribió una joven paciente, para que luego lo analizáramos en la sesión de terapia.

"Deseé con todo mi corazón un vestido que vi en una vitrina porque iba a ir a una fiesta. A los pocos días logré juntar el dinero, corrí a comprarlo y me dijeron que mi talla se había agotado. ¡Sí! ¡Agotado! Me desesperé, pensé en no ir a la fiesta e insulté al destino, al vendedor y a la persona que compró el último vestido que quedaba. Después de dos semanas interminables, aún no había conseguido qué ponerme y seguía angustiada. Maldecía una y otra vez a quien me había invitado. Es que ese vestido no era uno más, era especial, me imaginaba en él, era un sueño que no podía dejar de realizar. Y un jueves cualquiera, cuando empecé a rozar la depresión, ¡encontré otro vestido similar y a mitad de precio! Pensé que Dios me había bendecido.

Entré a preguntar y sí, había de mi talla. Salí de la tienda feliz, fantaseando sobre lo bella y atractiva que me vería la noche esperada. Llegado el momento, me fui con mi mejor pinta y sintiéndome una diva... Ni bien entré al lugar me quedé perpleja. Todo el mundo estaba vestido de manera casual, de jeans y la mayoría de tenis. ¡Toda la gente relajada, tomando y bailando, y yo de pie como una reina de la moda fuera de época y a punto de hacer el ridículo! Pero estuve de suerte. Puedo jurarlo: nadie se fijó en mi vestido ni en mis enormes tacones rojos... Antes de una hora estaba descalza, despeinada y saltando como una loca. Al rato conocí a un chico con el que pienso volver a salir, que me dijo que yo era una chica encantadora pese a mi pinta de 'lady'. A la mañana siguiente, en plena resaca, me di cuenta de algo que todavía me hace sentir estúpida: el capricho de un vestido me quitó semanas de vida y muchas horas de sueño, y finalmente a nadie le importó. ¡Qué manera de perder el tiempo!".

¿Cuál fue el problema de mi paciente? ¿Querer un vestido? ¿Anhelar verse bien la noche de la fiesta? De ninguna manera: el verdadero problema radicó en que ella convirtió un deseo normal en una cuestión de vida o muerte. Puso su felicidad/realización en la obtención de un objeto. Pretendió llenar un vacío e inventó su propio cuento de hadas. Administró mal sus ganas.

DESEOS "PELIGROSOS" EN TERRENO FÉRTIL

No podemos desconocer que algunos deseos son francamente peligrosos para la salud mental y física, ¿a quién no le ha pasado? A veces aguantamos las tentaciones estoicamente y otras nos rendimos a la mínima insinuación, quizás porque nos pegan donde más nos duele o nos alegra. Esta vinculación funciona como un cóncavo/convexo: si la semilla cae en terreno fértil, el apego prosperará, simplemente porque cada organismo tiene sus vulnerabilidades. ¡Qué fácil es engancharse adictivamente al sexo si te sobra testosterona e imaginación! ¡Cuánta atracción genera la fama, el prestigio y la posición social si necesitas aparentar porque te sientes poca cosa! Algunos prueban el *crack* y no sienten nada, otros quedan de inmediato sometidos de por vida. Hay gente que juega con el amor y no se enamora, mientras que algunos caen rendidos ante la primera insinuación. Algunos, en cuanto huelen dinero, despliegan una ambición sin límites y se vuelcan a los negocios con la avidez de un perro de caza, mientras que otros apenas se inmutan.

El Dalai Lama[31] defiende la capacidad natural de desear, pero reconoce que algunos deseos son especialmente peligrosos porque poseen un atractivo intrínseco que los hace irresistibles. Las "inclinaciones peligrosas" (cada quien tiene las suyas) necesitan de un buen autoconocimiento para regularlas. La autoafirmación consciente es como sigue: "Reconozco que cuando se activa mi 'debilidad', las ganas me manejan y por eso es mejor mantenerme lejos de aquello que me daña". Modestia y evitación a tiempo: *"Vade retro*, Satanás". Por el contrario, si no hay riesgo de contraer adicciones ni lastimar a nadie, es mejor soltar el freno de emergencia y disfrutar hasta reventar. Este proceso de discernimiento es lo que en última instancia distingue a la persona sabia de la necia: *desear lo que hay que desear en cantidades manejables y rechazar aquello que nos apegue.*

Un pescador encontró entre sus redes una botella de cobre con un tapón de plomo. Al abrirla apareció un genio que le concedió tres deseos. El pescador le pidió en primer lugar que le convirtiera en sabio para poder hacer una elección perfecta de los otros dos deseos. Una vez cumplida esta petición, el pescador reflexionó y dio las gracias al genio diciéndole que no tenía más deseos[32].

En la psicología budista, la palabra "deseo" suele ser traducida como "sed de posesión", "apetito", "ansia", "apetencia" (*trishna*, en sánscrito)[33]. Otras interpretaciones le otorgan al vocablo *trishna* un sentido más relacionado con el apego: "deseo de aferrarse a todo aquello que en realidad nos posee"[34]. Una analogía utilizada en el zen asocia la mente "infectada" por la sed del deseo con un mono loco y hambriento que se desplaza en una selva repleta de estímulos condicionados[35]: inmanejable, insaciable, incontrolable. Se atribuye a Buda la siguiente afirmación en relación con el poder del deseo:

No hay fuego semejante al deseo. No hay nada que apriete tanto como el odio. No hay nudo como el engaño. No hay cadena como el apego[36].

Entonces, si posees ciertas vulnerabilidades que no controlas, habrá deseos que te manejarán a su antojo, te seducirán hasta enredarte y te quemarán por dentro mientras duren. Aceptemos que el fuego no es ni bueno ni malo en sí mismo, depende de cómo se utilice. Un pirómano hará desastres: no podrá vivir sin el incendio; un bombero lo apagará. Si conoces los "deseos peligrosos" a los cuales eres susceptible, puedes evitarlos a tiempo y no meterte en la boca del lobo. En psicología lo llamamos "control de estímulos": "Si sé que me vas a devorar, mejor no me acerco".

LA PRÁCTICA DEL DESAPEGO: CÓMO RELACIONARSE CON LOS DESEOS SIN CAER EN EL APEGO

1. La "afición" no es "adicción"

La idea no es que reprimas tu capacidad de sentir y termines siendo alguien con una personalidad encapsulada, aburrida y amargada. No hay que convertir la vida en una patología o ver apegos por todas partes, sino tener claro cuándo se está jugando con fuego y cuándo no, y tomar las decisiones pertinentes. Ser aficionado a una actividad y volcarse a ella con entusiasmo es saludable y conveniente, hasta ahí no hay problemas. La cuestión se complica cuando dicha tarea se hace *incontrolable* e imposible de gestionar. Si esto es lo que te ocurre, quizás estés metido en una trampa adictiva y la solución pasa por la moderación y los puntos medios.

Oscar Wilde, que no fue un hombre precisamente comedido, alguna vez citó al poeta chino Li Mi-an acerca de la mesura:

Cuando te embriagues, hazlo siempre a medias;
la flor abierta a medias es siempre más linda,
con medias velas bogan bien las naves
y a medias riendas trotan los caballos[37].

2. Distinguir entre "pasión armoniosa" y "pasión obsesiva"

Un antiguo proverbio oriental muestra la diferencia entre las dos pasiones:

Cuando el arquero dispara gratuitamente, por el mero disfrute de hacerlo, tiene con él toda su habilidad. Cuando dispara esperando ganar una hebilla de bronce, ya está algo nervioso. Cuando dispara para ganar una medalla de oro, se vuelve loco pensando en el premio y pierde la mitad de su habilidad, pues ya no ve un blanco sino dos[38].

La *pasión armoniosa*[39] surge cuando realizas alguna actividad que te gusta en sí misma, independiente de los resultados (motivación intrínseca). La acción te compromete cuando la llevas a cabo y pagarías por hacerla. Y lo más importante: lo que te lleva a actuar no es un impulso incontrolable, sino tu capacidad de escoger y estar libremente allí, haciendo lo que te interesa. Las personas con este tipo de pasión se sienten implicadas en la tarea que llevan a cabo sin descuidar las otras áreas de su vida: el placer no les nubla la razón ni los desgasta. Comparada con la típica obsesión, la pasión armoniosa genera mayores emociones positivas, mejor rendimiento y bienestar subjetivo[40].

La *pasión obsesiva*[41] también te involucra en las actividades que llevas a cabo, pero lo hace alocadamente. Piensa en cualquier apego que tengas y sabrás de qué hablo. Quizás obtengas un rendimiento similar al que se logra con la pasión armoniosa, pero será a un costo muy alto para tu salud mental: todo lo harás sin control y desordenadamente.

En la pasión obsesiva el placer depende básicamente de los resultados obtenidos (motivación extrínseca) y no tanto de la ejecución en sí misma, lo cual le quita fuerza y significado vital. Si la obsesión te atrapa, tu mente no tendrá espacio para nada más. Las investigaciones muestran que un "estilo apasionado obsesivo" disminuye la concentración en la tarea, hace que las personas sean más rígidas e incrementa una serie de síntomas físicos, como el dolor de cabeza, el insomnio y los problemas gastrointestinales[42].

Suelo ver cada año la maratón de Barcelona desde mi ventana. Me asomo y observo a la gente correr por la calle. El panorama no varía mucho. En los primeros puestos se mezclan todo tipo de corredores y algunos son llevados por una *pasión armoniosa*: quieren el premio, pero no se angustian por ello ni se amargan la vida por la competencia. Otros, evidentemente víctimas de una *pasión obsesiva*, parecen debatirse entre la vida y la muerte por obtener el trofeo. La desesperación se les ve en la cara y se retuercen de la rabia si alguien los sobrepasa. Ambos van por el premio: unos con tranquilidad y otros cargados de estrés y con miedo a perder.

Detrás de la gran fila de participantes aparecen los rezagados de siempre: los que corren por correr y el resultado les tiene absolutamente sin cuidado; su meta es llegar y pasarla bien sin importarles el puesto. Triunfar es completar el recorrido. Incluso algunos se ríen y le quitan el tono trascendental a la competencia. Ponen de su parte, hay entusiasmo, pero también hay humor. No digo que el deporte de alta competencia esté mal: he conocido deportistas a nivel internacional que manejan una pasión equilibrada y saludable. A lo que me refiero es a la cualidad que poseemos los humanos de transformar cualquier actividad en divertida o sufriente según utilicemos una motivación armoniosa (intrínseca) u obsesiva (extrínseca). De todas maneras, no lo puedo evitar, cuando miro por mi ventana siempre espero a los últimos, y no porque serán los primeros, sino porque generan en mí un efecto de contagio: me divierten.

3. *Hablar cara a cara con el deseo*

Para hacerle frente a un deseo contraproducente (con altas probabilidades de generar apego) a veces es conveniente comunicarse con él sin tapujos. Hablarle y confrontarlo como si tuviera vida propia: "¿Para dónde vas, deseo? Recuerda que esto debe ser consensuado, somos dos y tú no mandas... ¿Oíste? Con-sen-sua-do...". Hacer contacto con él para transformarlo, orientarlo o sublimarlo. Tratar de lograr una convivencia pacífica con tus ganas y pretensiones, y aclarar malos entendidos con el sentimiento que te abruma: "Estimado deseo, no quiero reprimirte, solo encauzarte, así que no te asustes". Es muy importante crear momentos de "enfriamiento" en los cuales intentemos hacer un balance costo/beneficio antes de caer al abismo. Balances de última hora, así parezcan tardíos: lo que "quiero y no puedo", o no me conviene. Esa es la lucha interior de quien pretenda desarrollar un mínimo de autocontrol.

Supongamos que te gusta ir al casino y estás dispuesto a jugarte la casa donde habitas porque estás convencido de que "hoy será tu día de suerte"[43]. Te encuentras con un pie en la locura y otro en la manía y ni te das cuenta. ¡Es que estamos hablando de jugarte el patrimonio de tu familia! ¿Qué hacer en una situación de estas? Sacar el kit completo de afrontamiento. Si sientes que el color o el sonido de las fichas te arrastran como el agua a un sediento, no te quedes quieto: llama a alguien para que te ayude, reza, grita, échate agua fría en la cara, insulta al crupier para que te saque a patadas o polemiza abiertamente con el deseo en voz alta. Niégate a los cantos de sirena. Haz un *time out* con tu persona (sácate del lugar o no entres) y siéntate a repasar la cuestión con la cabeza fría. Respira y sosiégate. Y si ves que el cuestionamiento y la razón no funcionan, simplemente corre en dirección contraria a la tentación. Como ves, se trata de una lucha, una "pedagogía de guerra" para momentos difíciles: transpiración y convicción mancomunadas contra el virus invasor.

Esta disputa interior la tuvo mi padre en Mar del Plata, una bella ciudad balnearia de Argentina. A punto de caer y perderlo todo en la ruleta tuvo el valor de llamar a un tío que estaba allí de vacaciones, quien lo sacó a rastras del Hotel Provincial donde estaba el casino. Después de eso nunca más entró a una casa de juego, ni siquiera a sacar fotos. Al otro día del incidente, él, que era ateo, no hacía más que darle gracias a Dios y a mi tío. Cuando íbamos a vacacionar a la misma ciudad, solía verlo hablando solo, discutiendo con su deseo y poniéndolo en su sitio. Autoverbalizaciones altamente productivas: dialogar con uno mismo, al estilo de los sabios griegos y en dialecto napolitano.

4. Disciplina y moderación: dos factores antiapego

Hay que coquetearle a la *moderación*, así esté pasada de moda y sea políticamente incorrecto hablar de mesura. Sacar a relucir la "prudencia" en la posmodernidad parecería un contrasentido, cuando lo que se promueve por todas partes es la exacerbación de las emociones, el *laissez-faire* y el ímpetu primitivo de las tribus urbanas[44]. No obstante, en mis conferencias he visto a muchísimos jóvenes interesados en desarrollar un autocontrol razonable, ya que todos quieren disfrutar pero sin morir en el intento.

En lo que se refiere a la importancia de los "puntos medios", la historia del príncipe Siddhartha nos enseña una gran lección. En la búsqueda por la iluminación, un día Buda renunció a los extremos y se negó a seguir maltratando a su cuerpo[45]. Cayó en cuenta de esto cierta vez que escuchó a un barquero decirle a otro que para que un instrumento funcionara bien, las cuerdas no podían estar ni muy tensas ni muy flojas. La solución estaba frente a sus ojos y no la había visto: ni mortificación corporal ni desenfreno. Fue su primer paso hacia el despertar. La paradoja es que para atar y controlar al "mono loco" del que hablábamos antes se necesita una mente de gacela: ágil, atenta y veloz. Saber desear es calibrar el impulso sin destruir la capacidad de sentir, o dicho de otra forma, manejar los propios deseos y que no sean ellos quienes nos manejen. La palabra es *autodisciplina*. El *Dhammapada* reafirma lo anterior cuando dice:

Los aguadores llevan el agua donde ellos quieren; los flechadores hacen flechas; los carpinteros trabajan la madera, y los hombres sabios se disciplinan a sí mismos[46].

Lección 4

NO HAY APEGO SIN TEMOR A PERDERLO

El miedo llamó a la puerta, la confianza abrió
y afuera no había nadie.

PROVERBIO CHINO

EN EL FILO DE LA NAVAJA

Amar la propia patología, ¿habrá mayor paradoja que aferrarnos a lo que nos hace sufrir y defenderlo a ultranza? Nos acostumbramos al dolor y a veces hasta le agarramos gusto. Las personas apegadas viven en el filo de la navaja, esperando lo peor que les pueda pasar: *perder el objeto o sujeto de su apego.* Miedo a toda hora, minuto a minuto, como una espina clavada en el cerebro y en el álter ego. Todos los apegados tienen su pesadilla personal, que se convierte en preocupación galopante cuando piensan en ello más de la cuenta: "¿Y si me va mal?" (apego al éxito), "¿Y si pierdo mi fortuna?" (apego al dinero), "¿Y si me dejan?" (apego al amor), "¿Y si se va la luz?" (apego a la televisión), "¿Y si cometo una maldad?" (apego a la virtud), "¿Y si hago el ridículo? (apego a la aprobación); y así sucesivamente. Aunque cada quien anticipe según su punto débil, el factor común del pánico es idéntico: *que la fuente de apego se acabe, desaparezca o se mude.* Y es comprensible, porque si se considera el objeto del deseo como imprescindible para la vida, romper semejante vínculo sería el acabose.

Lo que les permite sobrellevar el miedo a la pérdida es creer que el objeto o la persona de sus apegos serán eternos y permanentes. Los budistas denominan "ignorancia" a esta manera de pensar (*avidya,* en sánscrito)[47], una mezcla de infantilismo cognitivo y egocentrismo (inmadurez psicológica) que hace creer a los dependientes que algunas cosas son para siempre (ver la lección 8). Esa es la ilusión o el subterfugio mental que impide aceptar la realidad tal como es: todos morimos, envejecemos y enfermamos. La existencia o la vida, como veremos más adelante, es impermanente y, por lo tanto, nuestras fuentes de apego se agotarán, nos guste o no. *Si aceptaras esta premisa con todo tu ser, no tendrías apegos.*

El apego a la espiritualidad

El miedo es proporcional a las expectativas que generamos ("Dime qué esperas y te diré a qué temes"). Spinoza sostenía que esperanza y miedo van de la mano y se manifiestan en el temor de que lo esperado no se cumpla[48]. La secuencia fue también expresada por Buda claramente:

Del apego emerge la tristeza y de la atracción emerge el miedo. Mas para aquel que está libre de atracción no hay tristeza. Miedo, ¿por qué?[49]

Si no tengo nada que perder, ¿por qué el miedo? Si acepto lo peor que pueda suceder, ¿qué más da? La despreocupación bien llevada es maravillosa, porque si nada me es indispensable, el miedo no tendrá dónde echar raíces.

La premisa, tal como venimos sosteniendo, es no dejarte atraer por nada que te lastime, no importa qué tan bello o noble sea su origen y su fin. Por ejemplo, he conocido gente enganchada a la santidad cuyo objetivo es "ocupar un lugar cerca de Dios", nada más ni nada menos. Apego a la fe y la trascendencia amparadas en un esquema evidentemente presuntuoso: *ser uno de los elegidos y salvarse.* Estas personas no se apegan a los automóviles, la moda, el sexo o a cualquier otra cosa mundana o fisiológica, sino a la vida eterna. Los apegados a la espiritualidad temen quedarse atrapados en su normal humanidad y no poder alcanzar un más allá pletórico de perfección. El "temor a Dios" se transforma en "temor al fracaso" (no ser santos, iluminados o trascendidos). Los budistas denominan a este afán desmedido por alcanzar una meta, sin importar cuál sea, *obsesión a ser más* (ver la lección 10). La vocación hacia cualquier cosa, incluso aquella motivada por las mejores intenciones, deja de ser útil y saludable si la ambición empieza a regularla. La paz interior que brinda la espiritualidad sana es mucho más modesta y menos compulsiva.

El pensador chino Hong Yingming escribió, hace cuatro siglos:

Cuando el hombre encuentra su lugar de reposo en el corazón, en ese momento hasta las estrellas toman su preciso
lugar en el cielo[50].

Bello y diciente. Si tenemos la suerte de entrar en concordancia con lo que somos y acoplarnos al cosmos que nos
contiene, la existencia recuperará el sentido que se nos había escapado. Si los budistas tienen razón, y todo es interde-
pendiente y una causa lleva a la otra, cuando te encuentres
con tu verdadero ser habrá una reacción en cadena positiva:
*verás que cada cosa está donde debe estar y tú serás parte
de ese orden.*

AUSENCIA DE MIEDO Y LA FELICIDAD

El miedo que conlleva el apego se centra, al menos, en tres
cosas: a) tener que aguantar o pasar por algo que no nos
gusta, b) no poder mantener lo que es deseable para uno y
c) no conseguir lo que se quiere[51]. En psicología lo llamamos
frustración/ansiedad y en budismo se denomina "sufrimiento" (*dukkha*, en pali), o también: "aquello que es difícil de
soportar"[52]. En el vocabulario de los apegados, la expresión
"Ya no te soporto" no existe. Las personas dependientes
aguantan cualquier cosa con tal de no perder sus apegos.
En un texto del *Udana* encontramos el relato de un rey que
gracias a las enseñanzas de Buda deja de sentir miedo y encuentra la felicidad:

Buda preguntó al rey: "¿Es verdad que tú, dondequiera que
te encuentres, en el bosque, bajo un árbol o en un lugar

solitario, exclamas repetidamente: '¡Qué felicidad!', '¡Qué felicidad!'?".

El rey respondió: "Señor, antes de que conociera el poder de tus enseñanzas, yo tenía guardias bien distribuidos en el interior y en el exterior de mi palacio, en el interior y en el exterior de la ciudad, y en todos mis dominios. Y a pesar de que yo estaba protegido y salvaguardado, vivía atemorizado, inquieto, receloso, asustado. Ahora, señor, dondequiera que me encuentre, en el bosque, bajo un árbol o en un lugar aislado, y aunque esté solo, vivo sin temor y tranquilo. Confiado, sin miedos, despreocupado, en paz, con lo que me dan los otros y con mi mente libre como un animal de bosque"[53].

No deja de ser encantador imaginarse a uno mismo corriendo desnudo y sin rumbo por un bosque, muerto de la risa y bajo los efectos de una mente liberada de todo apego. En mi experiencia como psicólogo clínico he podido observar que los pacientes que logran independizarse emocionalmente de algún apego sonríen. No es euforia, sino alegría sosegada. Cuando un niño deja de tener miedo se ríe, mientras que los adultos sonreímos. El alivio produce paz y la paz hace cosquillas.

LA PRÁCTICA DEL DESAPEGO: CÓMO HACERLE FRENTE A LOS TEMORES QUE GENERA EL APEGO

1. Identificar el miedo que impide el desapego

Como dije: no hay apego sin miedo. Es la otra cara de la moneda, es el costo ineludible de la dependencia. Siempre tendrás una ansiedad anticipatoria pegada al corazón, mientras pienses que el objeto o la persona de quien dependes determina tu razón de ser. Pregúntate honestamente: "¿Qué me ofrece este o aquel apego?", "¿Compensa algunas de mis limitaciones o debilidades?", "¿Aporta a mi realización?", "¿Suple una necesidad impostergable?", "¿Me brinda algún placer adictivo?". Cuestiónate directamente y sin disculpas; ¿qué te ata? Esculca en ti mismo, ve hacia adentro y revísate exhaustivamente. Ten presente que detrás de cada apego hay un miedo, y detrás de cada miedo se esconde un déficit que debes subsanar. Por ejemplo:

» Si consideras que eres una persona poco querible, tendrás miedo a que tu relación afectiva se acabe. Tu mente estará impregnada de un pensamiento catastrófico que no te dejará vivir en paz: "Nadie me amará jamás".

» Si estás convencido de que "vales por lo que tienes y no por lo que eres", la sola idea de perder tus bienes resultará aterradora para tu autoestima: "Seré un miserable".

» Si piensas que no eres capaz de dirigir tu propia vida, te apegarás a los modelos de seguridad/autoridad por miedo a la soledad y al abandono: "Necesito a alguien más fuerte que yo para poder sobrevivir".

Trata de descubrir la secuencia: déficit-miedo-apego, y allí encontrarás la estructura que define tu dependencia. La estrategia para acabar con el temor a perder la fuente de apego es como sigue: supera el déficit o acaba con la necesidad irracional, y el miedo caerá a medida que la dependencia pierda fuerza.

2. Aceptar lo peor que pueda ocurrir

Soltarse y dejarse ir. Matar toda esperanza, toda aspiración que te relacione con el apego, así sea por algunos minutos, como cuando meditamos o nos da un ataque pasajero de valentía. Para aceptar lo peor que pueda ocurrir hay que ir mentalmente hasta el final de la cadena de acontecimientos temidos.

» Imagínate lo que más temes, fantasea con ello, mantenlo en tu mente. No lo evites. Piensa a propósito en la "catástrofe" que sería perder ese algo o esa persona que te resulta imprescindible. Quédate ahí, no dejes ir la imagen, trata de retenerla hasta que sientas una pizca de resignación de la buena o te habitúes a la imagen. Juega a que no te importe en lo absoluto, a no desear, a no querer, a no esperar nada de ese apego en particular. Cuando alguien dice "Me da lo mismo", ya no teme; es libre.

» "¿Y si se cae el avión?", me decía un paciente con miedo a volar. Le respondí con la argumentación de los antiguos sabios griegos: "No es tan horrible: queda la muerte, el adiós definitivo, la terminación y el regreso a casa". No supo si llorar o reír, pero después empezó a encontrarle sentido. Todo acaba, todo termina, lo más hermoso y lo más atroz. Lo "peor que pueda ocurrir" no es arder en el infierno por toda la eternidad: ¡es la idea misma de la eternidad!

Cuando yo era niño y en el colegio me decían que la gente mala se iba al infierno "para siempre", lo que más me angustiaba era la palabra "siempre", porque me cerraba todas las puertas; no había escape ni fin. Creo que si existiera la inmortalidad, lo más deseado por todos sería la muerte. Con esto no quiero decir que haya que quitarse la vida o ser un temerario irresponsable, lo que sostengo es que "lo peor nunca es lo peor" debido a que tiene fecha de caducidad y se acaba. Que te sirva de consuelo anticipado: si perdieras alguno de tus anhelados apegos, el sufrimiento sería resuelto por el organismo a través del duelo (si lo dejas trabajar). Con el tiempo, tu apego tan amado, tan vital e irreemplazable, terminará siendo un mal recuerdo.

» "Me entrego a la providencia", diría un estoico. Aceptar lo que vaya a ocurrir es la mejor opción cuando lo que deseo o espero escapa a mi control o ya no depende de mí. La regla es como sigue: si algo depende de ti y vale la pena, lucha, resiste y aguanta hasta donde seas capaz, pero si escapa a tu control y nada puedes hacer al respecto, no persigas ciegamente un imposible, deja que el destino, Dios o lo que sea, se hagan cargo del asunto. Aceptar lo peor que pueda ocurrir no es negar el poder de decisión que tienes, sino marcar sus límites y humanizarlo. Podemos llamarlo "modestia adaptativa": la ocurrencia de un terremoto no depende de ti, lo que depende de ti es tratar de salvarte, escapar y buscar refugio. De manera similar, y siguiendo con la climatología, no podrás detener la lluvia, pero sí puedes comprarte un enorme y bello paraguas. Dicho de otra forma: la "modestia adaptativa" es comprender hasta dónde deben llegar y se justifican tus esfuerzos. Cuando algún optimista insensato me dice que no hay imposibles, me lo imagino tratando de volar sin ayuda y cayendo de sentón.

3. Asustar al miedo

Es una variante del punto anterior: retar los temores para que vengan a tu encuentro y hacerles frente, como si estuvieras enfrentando a un enemigo que es cobarde. El método consiste en hacer exactamente lo que tus miedos o tus creencias infundadas te impiden hacer. Por ejemplo: si crees que no puedes hablar en público, ya sea porque no tienes una buena voz, tartamudeas a veces o sudas cuando estás frente al auditorio, pues reta al miedo escénico, provócalo y toma el control: habla en público cada vez que puedas, así sea incómodo o doloroso. Y si con el tiempo vas mejorando, no te duermas en tus laureles. No te confíes; de tanto en tanto, llama al miedo, a ver si es capaz de regresar. Búscalo en cada resquicio de tu ser, en sus escondites preferidos. Dile como un antiguo espadachín: "Te reto a que me impidas dar la conferencia: ¡a ver si eres capaz, pedazo de imbécil!". El efecto es paradójico, similar a lo que le ocurre a la gente que sufre de insomnio y en vez de dar vueltas en la cama y tratar de dormir a la fuerza, deciden no dormir porque ya no les da la gana; a la media hora están roncando.

Yo llamaría a esta práctica del desapego un "entrenamiento en valentía": *fortalecerse intencionalmente ante la posible pérdida del objeto de nuestros deseos.* Ayunos programados para los que tienen apego a la comida; salir sin plata y mirar vitrinas para quienes son adictos a comprar; tener discusiones enfáticas con Dios para los apegados a la espiritualidad; doblegarse y dejarse mandar para quienes aman el poder; perder a propósito para quien desea ganar a

toda costa; hacer el ridículo para los que necesitan aprobación; y así sucesivamente. Exponerse e inocularse el estrés
que genera el apego para crear defensas.

Una mujer que temía a los fantasmas y dormía con las lu-
ces prendidas, aplicó el método y decidió "asustar a los fantasmas". Nunca había visto uno, pero se los imaginaba como
en las viejas películas de terror de Bela Lugosi: arrastrando
cadenas, vestidos con mantos blancos y de rostro pálido. El
primer paso fue disfrazarse ella misma de fantasma. Su esposo e hijos colaboraron activamente: talco en la cara, una
túnica blanca, música tenebrosa y unas cadenas atadas al
tobillo. Cuando el reloj daba las doce en punto de la noche,
vestida de esa manera debía llamarlos con la luz apagada
e insultarlos. Abrir los clósets, entrar intempestivamente a
las habitaciones, buscarlos debajo de la cama, en las alace-
nas, en fin, debía desafiarlos y sacarlos de sus escondites.
Los primeros intentos fueron difíciles y mi paciente sudaba
adrenalina, pero poco a poco fue cambiando el pánico por
una actitud más valerosa. Al cabo de unas semanas el ejercicio le producía risa y se generalizó positivamente a otros
lugares. Esto, no está de más decirlo, se llevó a cabo en un
contexto de terapia y bajo la supervisión de profesionales
experimentados.

El miedo a perder los apegos es como los fantasmas:
"asustan más de lejos que de cerca" (Maquiavelo). Cuando
no te inclinas ante ellos van perdiendo su poder intimidato-
rio. Las palabras mágicas, las que surgen del desapego, son:
"Ya no temo perderte: me da lo mismo que te acabes o te
vayas".

4. Tener confianza en uno mismo

En cierto sentido, somos lo que nos decimos. Si piensas que eres inútil o incapaz, te sentirás mal respecto a tus posibilidades y las cosas no funcionarán bien. Pero si logras hacer a un lado los pensamientos derrotistas y fatalistas que caracterizan a la gente miedosa, podrás persistir en tus metas y no desertar. No hablo de autoengaño o de una forma amañada de autosuficiencia, sino de realismo convincente. Si te dices todo el día que fracasarás, el miedo a fallar bajará tu rendimiento, no obtendrás buenos resultados y harás que se cumplan tus profecías negativas. Tú creas los monstruos y dejas que te devoren. "Quien vive temeroso no será nunca libre", decía Horacio. El miedo te limita, te encierra, te esclaviza.

Cuando algún paciente me pregunta en relación con su trastorno: "¿Voy a curarme?", yo suelo responder: "Vamos a dar la pelea". Y uno de los principales requisitos para luchar es no sabotearse a uno mismo utilizando autoverbalizaciones destructivas: *si posees las habilidades o competencias para afrontar los miedos, hazlo de una vez; y si no las tienes, apréndelas, róbalas o tómalas prestadas, pero no te quedes de brazos cruzados.*

LECCIÓN 5

SI TE APEGAS, YA NO SABRÁS QUIÉN ERES

El individuo ha luchado siempre
para no ser absorbido por la tribu.
Si lo intentas, a menudo estarás solo, y a veces asustado.
Pero ningún precio es demasiado alto
por el privilegio de ser uno mismo.

NIETZSCHE

LA IDENTIDAD DESORIENTADA

La identidad personal responde a la pregunta: "¿Quién soy yo?". Es lo que asumes ser, la vivencia y representación que haces de ti mismo para singularizarte: "¿Para dónde voy, qué quiero, qué espero?"[54]. Preguntas que nos hacemos conscientemente muy pocas veces y que tienen que ver con nuestra faceta existencial. La psicología cognitiva ha demostrado hasta la saciedad que la tendencia natural de cualquier ser humano es buscar la *autoconsistencia*: una coherencia básica entre lo que se piensa, siente y hace para reconocerse como individuo[55]. Si bien el proceso de identificarse nunca termina de manera definitiva, se ha consensuado que alrededor de los tres años, los niños ya empiezan a tratar de definirse y diferenciarse de los demás[56].

Este proceso, básicamente normal, se distorsiona cuando empiezas a "reconocerte" en alguien o algo distinto a lo que realmente eres y dejas que tu mente lo absorba y haga suyo. Por ejemplo, si te identificas con la marca de un teléfono celular, pensarás que ese "rótulo" contribuye a conformar tu persona: serás de la "familia" iPhone, BlackBerry o lo que sea. Desarrollarás un sentido de pertenencia y te sentirás dentro del grupo de los "elegidos". Al identificarte con una marca cualquiera, no importa el producto, serás miembro activo de ese "club". El "yo" se buscará a sí mismo en el lugar equivocado. Según el budismo, el sujeto dependiente se mimetiza con su objeto de adoración (apego) hasta construir una identidad falsa y desaparecer en lo otro[57]. En ocasiones la persona intenta una estrategia intermedia para salvar algo de sí: "Quiero ser *tú* sin dejar de ser *yo*" (le decía un joven a su novia en mi consulta). Pero es demasiado pedir: si te fusionas con algo o alguien, definitivamente dejarás de ser tú, serás otra cosa, casi siempre una mezcla indescifrable. No hay otra forma de sobrevivir dignamente: lo que te define es tu esencia original, tu ser, por más desbaratado que sea, y nada más[58].

¿Cómo saber quién es uno? Hay lapsos de autoconciencia en los que nos observamos sin máscaras y hasta la última célula contribuye a la autoobservación (*mindfulness*). Ocurre cuando la mente baja la guardia y miramos en ella sin engaños ni subterfugios. En esos momentos no necesitamos contraseñas, puntos de referencia ni testaferros, el asombro basta. El maestro zen Dogen Zenji hace ochocientos años lo expresaba bellamente en uno de sus versos:

Cuando, sin pensar,
solamente escucho
una gota de lluvia
en el borde del techo,
"Soy yo"[59].

¿Lo captaste? ¿Atrapaste su significado? La fascinación de hallarse a uno mismo en cualquier sitio de la vida. Quizás lograste sentir algo parecido y lo descartaste por ridículo o porque te generó miedo. "Soy yo": el encuentro más elemental y extraordinario ocurre cuando el universo se descubre a sí mismo a través tuyo. ¡Hay tantas veces en que el pensamiento sobra![60]

Apegado a un nombre

Conocí un hombre que vivía angustiado porque su apellido iba a desaparecer, ya que no había descendencia masculina en la familia. Un día, al verlo sufrir tanto, le dije: "Como yo veo la cosa, los apellidos, más allá del valor simbólico o social que puedan tener, son meras convenciones. Usted me interesa como persona, independiente de su nombre. Para mí es mucho más importante saber *quién es* que saber *cómo se llama*". Me miró como si yo hubiera irrespetado algo sagrado. Desde su punto de vista, *él era su apellido* y yo le estaba diciendo algo totalmente distinto. Sentirse responsable de ser el "último sucesor de una estirpe" podía más que cualquier argumento. Hay gente que se identifica con su casa, su profesión, su trabajo, su pareja, su honra, su historia, su religión, y así sucesivamente. Muchos "su" para andar tranquilo, mucho que cuidar.

La clave para no caer en identificaciones falsas es aprender a discriminar la *importancia real* (objetiva, sin sesgos) de la *importancia ficticia* (exagerada y sin arraigo en la realidad) de las cosas o las personas con las que nos vinculamos. En esto de discernir lo *verdadero* de lo *ilusorio* los budistas son expertos y algunas corrientes psicológicas les están siguiendo los pasos. Cuentan que en cierta ocasión Buda intervino en la disputa de dos clanes que habían decidido entrar en guerra debido a la construcción de un dique que afectaba el uso del agua y la tierra disponible:

—¿Tiene la tierra un valor intrínseco, un valor duradero? —preguntó Buda.

—No, respondieron los generales.

—¿Acaso el agua tiene un valor intrínseco, un valor duradero? —les interrumpió Buda.

—No, ciertamente no, pero los tiempos exigen el sacrificio de la sangre —alegaron.

—¿Y es que la sangre de los hombres tiene algún valor intrínseco? —volvió a preguntar el maestro.

—Su valor no tiene precio —convinieron todos ellos.

Entonces dijo Buda:

—Generales, ¿es de cuerdos apostar lo que no tiene precio (la sangre) a cambio de lo que ni siquiera tiene un valor intrínseco (tierra y agua)?

Ante un razonamiento tan lúcido, los generales decidieron no entablar batalla[61].

En el caso de mi paciente, el camino más corto para su mejoría hubiera sido desprenderse de la "importancia irracional" que le otorgaba a su apellido y aceptar el hecho de que la manera de llamarse no poseía un valor intrínseco. Si vemos los nombres en su verdadera dimensión, haciendo a un lado lo que la tradición ha impuesto, pierden su poder y valor y surge la persona al desnudo. Todos dormimos, comemos y sudamos —entre otras cosas que le ocurren a nuestro cuerpo—, no interesa de dónde provenga el apellido. Da lo mismo cómo te llames, lo que importa es *quién eres*, y con seguridad eres mucho más que un nombre, un árbol genealógico o un documento de identidad. Hay apegos que no ceden, sobre todo si se han originado a temprana infancia y los hemos aceptado como un mandato o una obligación ineludible. *Algunos rótulos que nos colocan nuestros progenitores parecen lápidas.*

EL APEGO AL CONOCIMIENTO

Cuando te preguntan quién eres o te presentas ante alguien, ¿qué haces?, ¿qué dices? La mayoría de las personas sacan a relucir su *currículum vitae* como si estuvieran compitiendo por un puesto laboral: "Tengo tantos años y ejerzo tal profesión". Obviamente eres más que la actividad que desempeñas y los conocimientos que ella implica, pero parecería que mucha gente los pone por delante como una forma de agrandar la valía personal. La creencia general es que cuantos más títulos ostentemos, mayor será el beneplácito de los demás y la pleitesía que nos rindan. Pareciera que recopilar artículos, fechas históricas, biografías, revistas indexadas, definiciones, frases célebres y otras cosas por el estilo, nos ubicará por encima de los humildes mortales.

Para los apegados al conocimiento la regla es como sigue: "Yo *soy* lo que *sé*", lo cual, paradójicamente, no deja de ser una burrada y una muestra de ignorancia. Reunir información y tener memoria no dice nada de una persona. Aprender no es acumular "conocimientos" (resultados/productos) como si fuéramos una base de datos ambulante, sino apropiarnos del proceso vivo del "conocer". Incluso suele ocurrir que cuanto más llena esté tu mente de información, más atado estarás a tus pensamientos, teorías y conceptos. ¿Cómo descubrir alguna cosa y crecer como ser humano si no me queda lugar para la sorpresa y la admiración?

Un hombre muy instruido fue donde un sabio maestro para que lo aceptara como alumno. Fue recibido por un asistente, quien le preguntó sobre sus motivos. El recién llegado dijo que deseaba que el maestro lo hiciera su discípulo. El asistente le comunicó que lo esperara mientras él hablaba con el maestro. Luego de un rato retornó con un papel y algunas preguntas escritas y le dijo que por favor las respondiera. El visitante no demoró en hacerlo, mostrando que era muy instruido. Terminado el examen, el asistente lo recogió y se marchó. A los pocos minutos regresó y le dijo: "El maestro me ha pedido que le comunique que ha demostrado en sus respuestas un gran conocimiento, por ese motivo lo aceptará como discípulo dentro de un año". Aquel hombre se sintió halagado y a la vez decepcionado, ya que debería esperar mucho tiempo. Antes de irse preguntó:

–Tengo una duda. Si contestando correctamente las preguntas he de esperar un año, ¿cuál sería el plazo señalado en caso de no haber respondido adecuadamente el examen?

–Ah, en ese caso –respondió el asistente– el maestro le habría aceptado ahora mismo. Usted, en cambio, necesita al menos un año para librarse de toda esa carga de conocimiento inútil que lleva encima[62].

¿QUIÉN ERES EN REALIDAD?

En tu cerebro se mezclan tres tipos de identidades tratando de imponerse una sobre otra: la *real* (lo que eres), la *ideal* (lo que te gustaría ser) y la *obligatoria* (lo que crees que debes ser). Cuando hay mucha discrepancia entre el "yo" real y el obligatorio es probable que se dispare la ansiedad ("No soy capaz de hacer lo que se espera que haga"). Y cuando la identidad real se aleja de la ideal, es posible que la depresión haga su aparición ("Me gustaría ser de otra manera, no me acepto"). La identidad real debe mandar sobre las otras dos: lo que realmente eres, abiertamente y sin excusas[63]. Veamos dos pequeños relatos donde se muestra el problema de la falsa identidad y sus posibles repercusiones.

Relato del águila que actuaba como gallina

Hubo un águila que creció entre gallinas. Caminaba como ellas, escarbaba la tierra en busca de lombrices e incluso intentaba cacarear. Subía a los árboles y aleteaba, pero no más. Su conciencia era la de una gallina, pero su cuerpo y ser, aunque adormecidos, eran los de un águila. Un día, ya vieja, miró al cielo y tuvo una visión magnífica. Vio un pájaro majestuoso que volaba en pleno cielo azul sin hacer el mínimo esfuerzo. El águila quedó impresionada y le preguntó a una gallina que estaba cerca: "¿Qué pájaro es aquel?". La gallina respondió: "Es el águila dorada, reina de los cielos, pero no pienses en ella; tú y yo somos de aquí abajo". El águila nunca más miró hacia el cielo y murió creyendo que era una gallina, porque así la habían tratado desde pequeña. Su plumaje dorado, sus garras, su porte y su capacidad de surcar los cielos nunca se desarrollaron[64].

Relato del tigre que balaba

Un pequeño tigre había sido criado con ovejas. Balaba, se movía como ellas y corría detrás del rebaño. Un día llegó un tigre adulto y al ver aquello agarró al tigrecito por el cuello y le preguntó intrigado: "¿Por qué te comportas como una oveja, si eres un tigre?". Pero el tigre-oveja baló asustado. Viendo esto lo llevó a la orilla de un río, lo dejó en el suelo y lo empujó hacia el borde del río. Ambos se miraron en el reflejo del agua, uno al lado del otro. El tigrecillo vio el parecido y no se convenció. Entonces el tigre mayor le dio un pedazo de carne, pero el animalito ni quiso probarla. Cuando le insistió bajo amenaza, "¡Pruébalo!", el tigre-oveja no tuvo más remedio que llevarse un trozo a la boca y comer. En ese momento la carne cruda desató sus instintos más primitivos de tigre y dio un rugido tronador. Había reconocido su verdadera naturaleza. Y los dos animales se alejaron juntos[65].

El apego no te permite hacer contacto con tu propia esencia, te distrae. ¿Qué hay que buscar? La autenticidad, "apropiarse de uno mismo"[66]. Aquello que señala tu instinto, tus genes, tu intuición y tu vocación más esencial; tu sello de fábrica. Se trata de definir la propia identidad sin aplazamientos. Tienes dos caminos: añorar toda tu vida lo que te hubiera gustado ser y hacer o asumirte sin evasivas. Es verdad que en ocasiones necesitamos ayuda para comenzar una transformación, alguien que nos confronte e impida el autoengaño (como el caso del pequeño tigre), pero la toma de conciencia final, el gran salto, es nuestro.

LA PRÁCTICA DEL DESAPEGO: CÓMO SALVAGUARDAR Y RESCATAR LA IDENTIDAD PERSONAL

1. Encontrarse a uno mismo

¿Sientes a veces que te estás perdiendo a ti mismo y no te encuentras? Entonces te has desplazado del eje que organiza tu conducta. Mucha gente no se enfoca en lo primordial y se la pasa haciendo lo que no quiere hacer o intentando ser lo que no es. Pura pérdida de tiempo. Pasan sus días esperando el milagro de un ajuste que no llega porque se han desconectado de su esencia. En cambio, cuando estás sintonizado contigo mismo, el esfuerzo requerido para alcanzar las metas es menor y las emociones que te embargan son más constructivas. La confusión surge cuando el apego te roba el temperamento.

¿Quieres encontrarte a ti mismo? Empieza a perseguir tu pasión más sentida. Todos tenemos algo que nos individualiza, que solía ser evidente en la infancia o la juventud y que luego fue diluyéndose a medida que fuimos creciendo. Una paciente me decía: "Mi condición natural es ser rebelde y en algún punto del camino me perdí. Antes era una persona con carácter, segura, irreverente y para nada conformista... Cuando pienso en las cosas que hacía siento nostalgia... Quisiera ser menos diplomática, menos equilibrada, menos condescendiente y sumisa...". Una chispa de locura no siempre viene mal, a veces actúa como un relámpago que te despierta de la parsimonia. ¿Cómo encontrarte? Piensa en lo que pagarías por hacer, concéntrate en lo que te sale del fondo de tu ADN, sin tantas complicaciones; allí está la clave. Sácalo a la superficie, míralo de frente y sin anestesia: "Esto soy". Debes prender el fuego de la espontaneidad que apagaste sin darte cuenta.

La buena noticia es que la esencia no muere. Búscate a ti mismo en los recuerdos y en la historia de la cual eres producto. Léete como un libro, escarba cada experiencia vital y allí te encontrarás, todavía ingenuo, todavía inquieto. Y cuando lo hagas, el apego chocará con un muro infranqueable, un punto que no es de quiebre: "Si para estar juntos debo dejar de ser yo, no me interesas". Sea objeto, idea o persona, *si pierdes así sea un ápice de tu identidad, es mejor renunciar a ello y estar solo, libre y sin falsas señales de seguridad.*

2. Ser anónimo

Esto no es tan fácil como parece. La mayoría de las personas han sido educadas para destacarse y no pasar desapercibidas. Vivimos en una cultura histriónica cuya lógica es mortal para la salud mental: "Serás valioso si muestras tus logros y haces alarde de ello". Me refiero a la necesidad de buscar el estrellato a toda costa y a cualquier precio. Gustar del anonimato te hace menos vulnerable al apego porque te acerca más a tu "yo", te une más a ti mismo. Lograr que los contaminantes pasen por tu lado sin tocarte, llámense publicidad o gente tóxica, te hace más fuerte. La identidad personal se mantiene más fácil en el anonimato, sin el apremio del qué dirán y sin la obligación de masificarse o tener que parecerse a alguien o algo para ser reconocido.

Ser anónimo no te garantiza el desapego, pero lo hace menos difícil. Heráclito decía que había que imitar a la naturaleza que siempre obraba en el anonimato. Insisto: no me refiero a ser un ermitaño afectivo, sino a asegurarse un lugar personalizado, un hábitat emocional saludable: tu "ciudadela interior", tu fortaleza. Desapegarse es reconquistarse a uno mismo. No es egoísmo ni egolatría, sino pleno sentido de autopertenencia.

Anda un tiempo por los extramuros del lugar donde te mueves. Haz lo que te gusta hacer sin buscar siempre compañía. "Yo con yo": cuéntate un chiste, regálate alguna cosa que te agrade, asiste a lugares donde nadie te conozca. Visita el silencio, habita la soledad de estar en las multitudes, navegando con tus propios pensamientos y emociones mientras estás rodeado de personas. Siéntete identificado con tu ser en cada sueño, en cada pulsación y por cada sitio que tu cuerpo transite. Tú con tu persona, abrazado a la más profunda existencia, convencido de que no habrá apego que pueda separarte de ti mismo.

3. Desactivar los rótulos que llevas a cuestas

Eres el producto de unos genes que interactuaron con una educación determinada: genética y aprendizaje entreverados y creando vida humana. ¿Cuánto aporta el ambiente? Mucho o lo suficiente para sacarte a flote o demoler tu "yo". Has estado sometido a un bombardeo de reglas y modelos de todo tipo: colegio, familia, héroes de la patria y mil cosas más. Es un milagro que aún te queden vestigios de independencia. De toda esa mezcolanza de información y desinformación se configuró en ti una manera de ser, una forma de concebir el mundo y de mirarte a ti mismo, de quererte u odiarte.

Si aceptaste pasiva y resignadamente los rótulos que te colgaron, serás como te dijeron que debías ser, quizás una gallina en vez de un águila o un cordero en vez de un tigre. Tú decides si tomas la opción del cambio o te enquistas en una personalidad prestada, si te rebelas a los calificativos socialmente impuestos o asumes la falsa identidad que te entregaron.

No le creas ciegamente a tu aprendizaje. Míralo con detenimiento y hallarás tantas contradicciones que querrás cambiarlo. ¿Pero acaso puede modificarse el pasado? El pasado vive en tu memoria, por lo que si modificas tus creencias actuales modificarás los resabios del pasado y construirás un nuevo futuro. Intenta observarte con ojos nuevos. ¿Te dijeron que eras un imbécil? *Rebátelo.* ¿Te aseguraron que el éxito es sinónimo de felicidad? *Destapa la mentira.* ¿Te hicieron creer que la gente vale por lo que tiene o aparenta? *Vístete con harapos, critícalo.* ¿No te enseñaron a tener control sobre tu conducta? *Adquiérelo.*

¿No te amaron lo suficiente? *Aprende a quererte a ti mismo*. ¡Protesta contra los que te mintieron o compadécete de los que fueron ignorantes! ¡Pero haz algo! No se trata de vengarse ni lamentarse toda la vida por lo que te hubiera gustado ser y no te dejaron. Simplemente cambia el chip y *sé tú* a partir de ahora. El camino no es color de rosa, pero se deja transitar. No le creas a los rótulos, sigue tu corazón, él sabe quién eres en realidad.

4. Proclama en defensa de la identidad personal

El apego intentará definirte o engatusarte, te entregará un disfraz que no te pertenece con la esperanza de que te lo pongas. Por eso debes estar atento a que ningún deseo desvirtúe tu singularidad y defender lo que en verdad eres. La proclama que te propongo consta de cinco puntos.

» No dejaré que nada ni nadie desvirtúe mi verdadera naturaleza. Prefiero mil veces sufrir la pérdida de un apego a dejar de ser yo mismo.

» La espontaneidad será mi amiga e intentaré a través de ella tener acceso a lo que soy, sin evasivas ni autoengaños.

» Revisaré cada valor que me inculcaron, cada deber que me impusieron y cada culpa que padecí. Dejaré que lo bueno permanezca en mí y echaré fuera lo que me lastima o no me conviene.

» No imitaré a nadie. Serán mi opinión y mi parecer los que guíen mi conducta.

» Intentaré ser auténtico y honesto en cada acto de mi vida, tratando de alinear lo que pienso, siento y hago.

LECCIÓN 6

EL APEGO ES POSESIÓN EXACERBADA

Un hombre es rico en proporción
a las cosas que puede desechar.

THOREAU

EL "YO" Y EL "MI"

Íntimamente relacionado con la necesidad de identificación está el sentido de posesión, o lo que se conoce como el "mi" o lo "mío". Mientras el "yo" evalúa y organiza la información que llega al cerebro, el "mi" intenta apoderarse de los eventos que le interesan y hacerlos suyos emocionalmente[67]. Cuando el "yo" se identifica con el "mi" se vuelve acaparador y hambriento de posesión: quiere abarcarlo todo. Se transforma en ego, con todas sus manifestaciones incluidas (egolatría, egocentrismo y egoísmo).

En cierta ocasión caminaba con un amigo por unas hermosas playas caribeñas, rodeadas de un mar cristalino color turquesa que invitan al descanso y la reflexión. El hombre se detuvo de pronto y me dijo con cierta rabia: "¡Es increíble que esto no sea mío!". Podía ir a ese maravilloso lugar cada vez que quisiera, pero no le era suficiente. ¡Pretendía comprar un pedazo de playa en una zona que era considerada patrimonio histórico y no estaba en venta! Un pensamiento irracional incrustado en lo más profundo de su mente no lo dejaba disfrutar: "Si *no es mío*, no lo quiero" o "¿para qué desear lo que no puedo adquirir como propio?". Supongo que algunos fanáticos coleccionistas deben pensar igual: quisieran tener la Mona Lisa en su casa y disfrutarla a solas, en vez de compartirla en un museo. Si tienes complejo de señor feudal, serás profundamente infeliz.

El "yo", recostado en el "mi", infla el ego y lo hace más pesado. Por el contrario, el "yo" sin el "mi" no ocupa tanto espacio mental. ¿Nunca has estado en una reunión donde sientes que hay demasiados egos enfrentados ocupando el mismo territorio intelectual, afectivo o espiritual? Ve a una entrega de premios de cualquier cosa para que lo sientas en vivo y en directo. El maestro y poeta sufí Jalal al-Din Rumi, hace aproximadamente mil años, contaba el siguiente relato:

Alguien llegó y llamó a la puerta de su amigo.
El amigo preguntó: "¿Quién eres?".
Respondió él: "¡Yo!".
Le dijo: "¡Vete, no es el momento!".
Durante un año en su viaje ardió con chispas de fuego por la separación del amigo. El hombre maduró y regresó. De nuevo vagó en torno a la casa de su compañero.
Su amigo gritó: "¿Quién está en la puerta?".
Respondió: "En la puerta estás tú".

Y el amigo dijo: "Ahora, puesto que eres yo, entra. Para dos 'yoes' no hay sitio en la casa"[68].

Dueño de nada

Poseer significa mantener algo o alguien bajo control y sentirse propietario de lo que se domina. Aunque uno puede ser "legalmente" dueño de muchas cosas, no todo se puede adquirir como en un bazar. Cuando decimos: "mi" empleado, "mi" esposa, "mi" universidad, "mi" socio, ¿qué queremos decir? ¿Acaso me pertenece un amanecer, un día de lluvia, el perfume de una flor, la persona que amo, los hijos o la familia? ¿Qué poseo realmente, qué cosas o quiénes son verdaderamente "míos"? Creer que algo "es mío" porque así me lo indica el deseo o la fantasía, es un acto infantil e irracional. Una paciente muy celosa se quejaba: "No soporto que mi esposo mire a ninguna otra mujer; él es *mío*", como si lo hubiera comprado en una subasta de esclavos. Sentir amor no otorga derecho, ni intelectual ni espiritual ni físico. Ella pensaba que tenía una franquicia de por vida sobre el hombre que amaba, por eso cuando le pregunté por qué lo consideraba de su "propiedad", respondió: "¡Es que yo lo amo!". El "mi" la desbordaba. Según la antigua sabiduría griega, lo único que nos pertenece, psicológicamente hablando, es lo que uno piensa y siente, o lo que es lo mismo: nuestras representaciones[69]. Lo demás es prestado o lo alquilamos mientras pasamos por la vida. Mis abuelas napolitanas utilizaban dos frases que hubieran hecho las delicias de Buda: "Estamos de paso" y "Los hijos son prestados". Era la versión mediterránea de la impermanencia budista: todo cambia, no hay nada fijo a qué aferrarse y el solo intento de hacerlo genera sufrimiento. Dicho de otra forma: "No te desgastes inútilmente: todo pasa y nada te corresponde, ¿para qué apegarse entonces?". La vida es un movimiento continuo que fluye, te traspasa y te arrastra hacia la extinción, junto a tus queridas posesiones.

Amar no es poseer

Cuando un enamorado le dice a otro: "Hazme tuya", "Eres mío", "Tómame", y otras expresiones por el estilo, no está pidiendo ser amado; lo que pretende es ser colonizado, secuestrado o que lo "posean". Los dependientes emocionales buscan desaparecer en el otro, incorporarlo o deglutirlo y viceversa. Si nos "pertenecemos" mutuamente, la cosificación es doble y el efecto de rebote también: "¿Te duele la muela, mi amor?, *tomémonos* entonces el calmante". Estar comprometidos sanamente es asumir que vamos juntos por la vida dejando claro quién es quién pese al romanticismo. Nadie posee a nadie. De ser así, cada divorcio sería muy similar a un exorcismo. Lo siento por los acaparadores compulsivos de cosas y personas, lo siento por el "patrono" que llevamos dentro y tiende a salir cuando menos lo esperamos: *amar no es poseer, amar es respetar la libertad del otro hasta las últimas consecuencias.*

Identificarse totalmente con la persona amada implica poner en sus manos el sentido de nuestra vida. Amo a mis hijas y estas alegran mi existencia, pero no existo *por* ellas. Puedes amar tu profesión o tu religión, pero eres más que eso. ¿La salida? Como vimos antes, amar sin despersonalizarse, siendo libre en cada acto, ese es el reto. "Te amo, pero podría vivir sin ti" (así el otro espere que nos suicidemos en su honor).

EL SENTIDO DE POSESIÓN TE DEBILITA

La posesión no solo te quita tiempo y energía que dedicas a cuidar permanentemente el objeto o sujeto del apego, también te hace emocionalmente más frágil a los ataques externos. La relación "posesiva" o la "fusión" con algo o alguien tendrá una consecuencia dolorosa inevitable: "Lo que le pase a la fuente de apego se reflejará en tu persona". Hasta los delirios más estrafalarios pueden ser lógicos: *si has incorporado emocionalmente algo o alguien a tu ser, estos pasarán a ser parte de tu persona; por lo tanto, si los agreden, destruirán una parte de ti, y si los alaban, exaltarán tu ego.*

Estas "prolongaciones emocionales" te exponen innecesariamente a las embestidas del medio y te hacen más vulnerable. Un señor me decía: "Si patean mi automóvil, es como si me pegaran a mí". No digo que debamos alegrarnos por una puerta abollada, pero de ahí a que afecte mi autoestima es demasiado. Si me felicitan por lo bella que es mi casa, en realidad están felicitando a mi casa, de otra manera sería como si parte de mi valía personal estuviera en un montón de ladrillos apilados. ¡Mi casa es un "bien material" adquirido, pero no soy yo! La tengo y habito en ella, pero ella no habita en mí. Para explicar todo esto los budistas hablan del *instinto de posesión* y lo consideran uno de los eslabones más determinantes de la rueda de los apegos básicos.

No cabe duda: a más necesidad de posesión, menos salud mental.

LA PRÁCTICA DEL DESAPEGO: CÓMO DESPRENDERSE DE LA NECESIDAD DE POSESIÓN

1. Tener sin poseer

¿Cómo acabar con la sed de posesión? Aunque la solución es compleja podríamos empezar por algo muy simple pero eficaz: cambiar el *"deseo de posesión"* por las *"ganas de disfrutar"*. Y no hablo de hacer una mera interpolación semántica, sino de una transformación más profunda y significativa respecto a los logros personales. Cambiar el "poseer" por el "tener", sin atar ni atarse. Disfrutar mientras lo conservamos y queremos, mientras la vida nos lo presta o nos lo alquila. No digo que haya que odiar las cosas o despreciarlas, sino que hay que *estar dispuesto a la pérdida*, porque nos guste o no, tal pérdida es inevitable. Mientras llegue ese día, usufructuar o beneficiarnos de lo que nos llega y sacarle el mayor jugo posible (si son personas, obviamente no en un sentido utilitarista). El *Diccionario Ideológico de la Lengua Española* da la siguiente definición de "usar": "Disfrutar cualquier cosa, sea o no uno dueño de ella". Repitamos para que los poseedores crónicos recapaciten: *disfrutar del objeto o la persona que nos genera placer, sin querer o tener que adueñarnos de nada*.

Uno de mis pacientes había desarrollado una curiosa obsesión: quería que las cosas materiales de su casa nunca se deterioraran. Debido a la testarudez típica de estos cuadros clínicos (trastornos obsesivo compulsivos: TOC), lavaba, limpiaba y controlaba la suciedad para "retardar" el desgaste de los objetos que más le interesaban. Pasaba varias horas a la semana quitando las capas de polvo de los muebles, tapándolos e impidiendo que los demás los utilizaran. Un análisis más profundo mostró que venía de una familia humilde donde su padre siempre había valorado exageradamente los logros materiales, por lo cual él asociaba su éxito profesional a las cosas que poseía. Su mente había creado una identificación errónea y confusa: si los objetos que había conseguido con su esfuerzo y trabajo se "degradaban", él también lo haría. Fue mejorando, pero todavía pelea con el problema. En los casos muy patológicos no es suficiente decirse a uno mismo: "Debo disfrutar lo que tengo, sin poseerlo, sin identificarme, sin que esto o aquello me defina como persona". También hay que pelear con el impulso, resistirlo y aplicar distintos métodos de intervención, teniendo siempre presente que "tener no es poseer".

2. No dejar que las cosas te dominen

Cuando tus posesiones te hacen sufrir es mejor alejarse emocional o físicamente de ellas. Hay tres opciones terapéuticas: *que ya no te importen* (devaluarlas mentalmente), *considerar su valor relativo* (redimensionarlas o ponerlas "entre paréntesis") o *salir de ellas de una vez por todas* (echarlas fuera de tu vida). Es el juego de quién domina a quién: ¿yo "poseo" tal objeto o tal objeto me "posee" a mí? Un bello relato de la cultura china nos ilumina al respecto:

Un valeroso general contemplaba con admiración su colección de antigüedades. En un momento determinado, cuando sostenía una de sus piezas más apreciadas, esta se le resbaló de las manos y estuvo a punto de caerse al suelo y romperse. En ese momento el valeroso general sintió miedo como nunca lo había sentido antes, ni siquiera en las batallas cuando enfrentaba al enemigo y dirigía a miles de hombres. Pero cuando estuvo a punto de perder su amada reliquia, había temblado como un niño. Después de meditar unos instantes, y sin el menor asomo de rabia, el general tomó la reliquia que había estado a punto de romperse y la destruyó deliberadamente[70].

Queda todo dicho. No dejar que el apego avance ni un milímetro, cortarle el paso, impedir el enganche.

3. Convertirse en un banco de niebla

Si no hay un "yo" que reciba, atrape o quiera retener las situaciones o las cosas, estas pasarán de largo y nos atravesarán como si fuéramos un fantasma. El ejercicio consiste en imaginarte a ti mismo como un ser nebuloso, sin que haya nada sólido en tu interior que recoja algo. Esta actitud hará que la necesidad de posesión en general se debilite: aprenderás a discernir entre lo que vale la pena procesar y lo que hay que desechar. La afirmación "No me importa" puede asimilarse perfectamente a las frases: "No es conmigo" o "Se me resbala". Si te molestas por algo que te dicen, pues eres tú quien lo ha "capturado" y lo ha hecho suyo, de otra manera la supuesta afrenta seguiría por su propia inercia hasta el infinito (o hasta que alguien susceptible la recoja).

Cuando eres un banco de niebla tu mente no se queda allí a la espera de nada ni nadie; se hace volátil, insustancial y especialmente lúcida.

Supongamos que alguien intenta insultarte diciendo que tu madre es una prostituta y tú un imbécil. Un "yo que atrapa" se ofendería y querría defender el honor de su madre y dejar claro que su cociente intelectual supera la media de la población. Un "yo que no atrapa" podría pensar: "Mi madre no fue ni es una prostituta, ni tengo nada contra ellas. Respecto a mí, si bien a veces me comporto estúpidamente, no soy un imbécil en el sentido estricto del término, y aunque así lo fuera, no pienso que las personas diferentes sean menos". Entonces no me posesiono de las palabras y no me doy por aludido. El lenguaje cruza mi ser sin aposentarse en el orgullo, o lo que es lo mismo: no hay quien perciba ni haga propio lo que llega de afuera con mala intención.

En el momento de meditar u orar, imagínate que eres un ser pensante y gaseoso a la vez. Piensa que las palabras pasan por tu ser sin dejar marcas ni huellas. A nivel psicológico, solo te sucede lo que tú permites que te ocurra, por lo tanto: si *de nada te apropias, no tienes nada que perder*. Pregúntate por qué intentas hacer emocionalmente "tuyo" lo que no te corresponde y verás lo absurdo de tal actitud. Insisto una vez más: "Estamos de paso", y cuanto más comprendas esto, más sencilla y maravillosa será tu existencia.

En el siglo pasado, un turista de EE.UU. visitó al famoso rabino polaco Hofetz Chaim.

Una vez allí se quedó asombrado al ver que la casa del rabino consistía sencillamente en una habitación atestada de libros. El único mobiliario lo constituían una mesa y una banqueta.

—Rabino, ¿dónde están tus muebles? —preguntó el turista.

—¿Dónde están los tuyos? —replicó Hofetz.

—¿Los míos?, pero si yo solo soy un visitante que está de paso —dijo el estadounidense.

—Lo mismo que yo —dijo el rabino[71].

4. El paisaje como meta

Cuando hablo de movilidad, no solo me refiero a estar inmersos en la dinámica del cosmos y la naturaleza, sino también a nuestro movimiento interior. La felicidad, si es que existe, no siempre consiste en llegar a la meta; la mayoría de las veces es suficiente con saber viajar y desarrollar una *motivación intrínseca*[72]. La gente que ha logrado liberarse del instinto de posesión no espera el gran resultado para pasarla bien, no se obsesiona con el trofeo; entiende que el "proceso" es la parte operativa de la vida, lo esencial. Lo que hiciste, el intento en sí, independiente de las consecuencias, guarda un encanto especial. No te olvides del paisaje mientras viajas. Inténtalo seriamente: sembrar sin esperar frutos, reír por reír, jugar por jugar, estudiar por estudiar o escribir por escribir. Proceso en estado puro: "ir hacia" es tan importante como "llegar a".

5. Declaración de autonomía afectiva: "Usted no es mi felicidad"

Lee esta pequeña reflexión y mientras lo haces imagínate que te estás dirigiendo a la *persona* de la cual dependes.

Recuerda simplemente que si consideras que alguien es responsable de tu felicidad, tratarás de poseerla para que no te falte nunca.

Lo siento, pero usted no es mi felicidad. No, no lo es y por eso me libero. Me niego a poner mi vida emocional en sus manos. Si usted fuera mi felicidad, su ausencia sería mi fin y viviría en el filo de la navaja. No quiero intentar "adueñarme" de usted, no va conmigo, no me interesa. Mi bienestar y mi autorrealización dependen básicamente de mí, lo demás contribuye, ayuda, pero el proceso interior que va configurando mi auténtico ser no vendrá de afuera, no será prestado. Es cuestión de principios y de estética. No solo quiero mejorar, quiero hacerlo con la inspiración del artista, como una obra de la cual me sienta satisfecho. ¡Qué pesado es hacerse cargo de la dicha de otro! ¡Qué tarea tan difícil, por no decir imposible!

Prefiero respirar por mí mismo, andar sin muletas y ser como soy. No quiero pertenecerle, ni que usted me pertenezca. Andemos juntos, si nos apetece, pero no seamos "el uno para el otro", por favor. El bienestar psicológico o el intento de ser feliz requiere un compromiso personal e intransferible. No es algo que nos regalen, se compre o se posea por decreto: es intransferible. Y como yo no estoy en venta, y espero que usted tampoco lo esté, tenemos la oportunidad de ser libres. Usted no define mi existencia ni yo la suya, de ser así, no podríamos vivir el uno sin el otro. Usted no es mi felicidad, afortunadamente, ni yo soy su amo y señor. La mejor relación que podemos tener es no pertenecernos. El que no posee al otro lo respeta, y eso es belleza, ternura y desapego.

Lección 7

EL APEGO REDUCE TU CAPACIDAD DE DISFRUTE A LA MÍNIMA EXPRESIÓN

La vida es aquello que te está sucediendo mientras estás ocupado haciendo otros planes.

John Lennon

El apego invasor y la reducción hedonista

La dependencia exige mucho. La persona apegada gastará enormes cantidades de tiempo y energía en mantener activo el vínculo y verá reducidas a la mínima expresión sus posibilidades de disfrute en otras áreas de la vida. El placer se concentrará principalmente en el objeto o la persona que origina el apego, y no habrá espacio para nada más. Esta "absorción" aparece en todas las dependencias y adicciones: *no habrá nada mejor, más intenso y agradable que estar profundamente enredado con la fuente de apego.* El imperativo es como sigue: "Sin ti, nada tiene sentido". Los budistas denominan *karatala* (en sánscrito)[73] al estado en que la mente queda atrapada por las exigencias de los impulsos y se somete a ellos[74].

La demanda emocional del apego es tanta que no hay tiempo psicológico para nada más: atención, percepción y memoria al servicio de un deseo incontrolable e implacable. Estar apegado es un trabajo *full time* que nos seca por dentro. Y los que logran salvarse de ese infierno personal deben comenzar de nuevo y retomar el placer de vivir que habían dejado atrás. Un paciente adicto al poder, después de una quiebra económica, me decía: "No recuerdo cómo era antes...". Le respondí: "Por lo que usted me ha contado, antes era una persona más alegre y vital: le gustaba salir a caminar, ver el atardecer, jugar billar con sus amigos, cocinar de tanto en tanto, hacer el amor con su mujer y disfrutar de sus hijos...". Se quedó pensativo un momento y me dijo: "Es verdad. No sé qué pasó... Perdí las ganas de vivir...". Le expliqué que el apego se especializa en robar energía vital. El afán por el poder y el dinero lo habían alejado de su base segura, de su familia y de los amigos de toda la vida. Pero como suele pasar en estos casos, la gente descubre que aunque hayan confundido lo importante con lo superfluo, en situaciones de crisis lo que permanece es la mano tendida de los afectos genuinos.

El apego a los hijos

Recuerdo una joven mamá de veinticinco años que vivía obsesionada por el cuidado de sus dos pequeños hijos. Los niños solían jugar tranquilamente sin correr ningún riesgo, pero ella no podía dejar de vigilarlos ni un instante. Dos miedos básicos la mortificaban de manera constante: "Les puede pasar algo" y "Yo sería la responsable si algo malo les ocurriera". A raíz de esta preocupación/apego, su vida ya no era la misma: se había alejado de sus amigas, la relación con su marido había entrado en franco deterioro y ya no se interesaba por su profesión. Sus hijos la absorbían totalmente y ser mamá parecía ser incompatible con una calidad de vida más equilibrada y armoniosa. Un día le hice la pregunta de rigor: "¿No cree que debería ejercer su papel de madre de una forma más relajada?". Agachó la cabeza y no respondió. Lo sabía, pero no podía hacerlo. Los niños, por supuesto, no tenían culpa en el asunto, pero ni lerdos ni perezosos sacaban provecho de la situación exigiendo atención y haciendo berrinches por todo, lo cual cerraba el círculo confirmatorio típico de las madres inseguras: "Si se portan mal es culpa mía". Se la veía agotada y malhumorada, había bajado de peso y su apariencia física era lamentable. Una vez me dijo casi gritando: "¡Pero son mis hijos!", a lo cual respondí: "Aceptemos que sus hijos merecen lo mejor, pero la consecuencia de educarlos no debe ser su destrucción psicológica y emocional. Sería paradójico que por quererlos tanto no pueda ayudarlos a crecer debido al estrés y la ansiedad que maneja".

Las "supermamás" y los "superpapás" no comprenden que una cosa es hacerse cargo de los hijos de manera responsable y eficiente y otra obsesionarse con ellos. Preocuparse exageradamente por su crianza trae como consecuencia la propia anulación y casi siempre problemas familiares y en la relación de pareja. Cuando mi paciente comprendió que ellos no eran una prolongación de su ser (amor sin posesión y sin identificación), logró desapegarse y establecer un vínculo afectivo razonable con sus hijos. Primero tuvo que reconocerse como mujer, para luego ejercer su rol de madre. Si algún paciente me dice que "el sentido de su vida" son los hijos, empiezo a preocuparme.

EL AMANTE LIBERADO

La consigna es determinante: *la dependencia acaba con tu capacidad de asombro y hace que la vida cotidiana se vuelva grotescamente previsible*. Cuando el deseo se convierte en apego, todo gira a su alrededor. Una y otra vez harás lo mismo para obtener lo mismo. Como un pequeño hámster enjaulado y corriendo sobre una rueda, te la pasarás pedaleando sin moverte del lugar. Apegarte es volverte rutinario, porque *el* otro o *lo* otro ocupará hasta el último resquicio de tu mente y no podrás hacer contacto con lo nuevo. No habrá sorpresas.

Uno de mis pacientes a quien su amante había mandado a volar sin la menor consideración después de varios años de relación, me decía: "Estuve preso ocho años... Como en una cárcel y feliz de estar encarcelado... Todo se reducía a ella, a lo que me decía y a si podía verla o no. Ahora quiero ver la luz y sentir el sol en mi cara... Cada vez que nos encontrábamos en algún hotel de mala muerte, cerrábamos las cortinas para escondernos; nuestro mundo era el encierro. Ahora me siento vaciado, libre... Es una sensación extraña, como si mi cerebro se hubiera formateado a sí mismo. Me sobra espacio mental y afectivo...". Tuvo la fortuna que muchos enamorados víctimas del apego no tienen: su amante se enamoró de otro y lo liberó. La fuente del placer lo dejó a él.

El mundo está repleto de gente sufriente, sujeta a dependencias emocionales y psicológicas, que creen estar tocando el cielo con las manos y lo que han hecho en realidad es empequeñecer su experiencia vital al extremo. Solo cuando ven la opción del desapego, de soltarse y desatar el nudo afectivo que los aprisiona (lo cual es para valientes, porque implica echar muchas cosas por la borda), renacen a una vivencia que tenían olvidada.

Una pequeña recomendación: escribe la siguiente frase de Tagore en algún sitio y cuando la rutina te embargue, déjala entrar libremente a tu mente para que tome las riendas: "La vida es la constante sorpresa de saber que existo". Que quede claro: "constante sorpresa".

EL APEGO AL TIEMPO Y LA VELOCIDAD (EL "YAÍSMO")

Nunca hemos andado tan rápido, tan agobiados, tan ajustados al reloj como en la actualidad. Apretamos una tecla y la información llega del cielo, del ciberespacio o la "nube", como si nuestros deseos fueran órdenes. Todo confluye para que tengas lo que quieras en el menor tiempo posible. Hablas, chateas, escribes, trasladas datos, fotos, videos o te muestras en vivo y en directo, todo al instante y casi simultáneamente. Me observas, te observo y los *link* nos conectan: voyerismo y comunicación se conjugan en una realidad virtual cada vez más precipitada. Al ir tan rápido, la urgencia de tiempo se ha transformado en el "apego al ya", el "yaísmo", la inmediatez que no deja espacio para el fenómeno de la espera.

Antes del auge de la nueva tecnología, la "espera" estaba más cerca de la ensoñación que de la angustia. Recuerdo que durante una época de mi vida, debido a que mi novia de aquel entonces se había mudado a otra ciudad, nos escribíamos regularmente. Cada semana me llegaba una carta suya en un sobre perfumado (su clave) y de color caramelo. Entonces me encerraba a leerla pleno de alegría y expectación. Me reía, me emocionaba, sentía nostalgia, una pizca de celos y me ponía al tanto de su vida. Luego procedía de inmediato a responderle y corría al correo, no sin antes dejar caer unas gotas de mi perfume (mi clave). La espera de su próxima carta no era para mí motivo de angustia, sino de expectativa alegre: "Ya falta poco", como cuando esperamos un acontecimiento que nos agrada y se mezcla la ilusión con un poco de ansiedad saludable. Cuando no existía Internet ni el celular, el fenómeno de espera no solía ser motivo de preocupación en sí mismo, vivíamos con ello como lo hacemos con las leyes de la naturaleza. Con esto no quiero negar la importancia de Internet ni demás. Lo que señalo como preocupante es la baja tolerancia a la incertidumbre que produce el "yaísmo".

El apego al tiempo y la velocidad se manifiesta también en la *obsesión por la actualización*, por pasar al frente y estar en la delantera y tener lo último antes de que lo propio se vuelva obsoleto. El problema de los apegados a la actualización es que todo caduca súbitamente, y cuando pensamos que estamos a punto de coronar o llegar, otra vez nos falta algo. Se nos ha dicho que existe un rompecabezas y que si lo armamos seremos felices, pero la forma va cambiando constantemente y las piezas nunca son suficientes. Se nos dice que estar actualizado es una virtud y todo está organizado para que vivamos atrasados en información. Si sufres de este apego, no te recomiendo asistir a las grandes ferias de tecnología: sentirás que te falta algo y te verás obligado a comprar aunque sea un puerto usb para sentirte "menos incompleto".

El peor de los pecados posmodernos es dejar pasar las horas sin aprovecharlas. En la actualidad, la mayoría de las personas se quejan de lo mismo: "¡Me falta tiempo!". La fantasía es tener un día más largo o comprar minutos para meterlos a presión en un día normal. Prohibido postergar, dilatar o posponer algo: "¡Se tiene que poder y punto!". Si no eres expedito y veloz, estás *out* y fuera del mundo productivo. Serás alguien rezagado y lento.

La lentitud nos estresa y la aceleración nos mantiene hiperactivos. No hay tiempo para el relax, para la antigua filosofía del bar, para mirarnos un rato al espejo sin afanes y cantar con un cepillo en la mano imitando a nuestro cantante preferido. Ya no hablamos con nosotros mismos ni leemos antes de dormir. Tampoco hay tiempo para mimarnos o disfrutar despacio, como lo haría un buen hedonista. ¿Hace cuánto que no haces pereza, saboreándola y de manera consecuente? Hace unos años, cuando nos disponíamos a no hacer nada, se decía: "Hagamos tiempo" o "Matemos el tiempo". Y no era un acto pasivo o haragán, la intención era ocupar las horas que pasaban en cámara lenta por nuestras narices.

Sumándome al elogio a la lentitud, cito el siguiente relato:

Cuando le preguntaron al maestro si se había sentido desanimado por el escaso fruto de sus esfuerzos, este contó la historia de un caracol que emprendió la ascensión a un cerezo en un apacible día de finales de primavera. Al verlo, unos gorriones que se hallaban en un árbol cercano estallaron en carcajadas. Y uno de ellos le dijo: "¡Oye, tú, pedazo de estúpido!, ¿no sabes que no hay cerezas en esta época del año?". El caracol, sin detenerse, replicó: "No importa. Ya las habrá cuando llegue arriba"[75].

LA PRÁCTICA DEL DESAPEGO: CÓMO VENCER LA REDUCCIÓN HEDONISTA QUE GENERA DEPENDENCIA

1. *Exploración y ensayo del comportamiento*

Buscar, indagar, no resignarse a la rutina y desperdiciar las opciones placenteras que la vida ofrece. No hablo de dejarse llevar desesperadamente por el deseo, sino de desparramar la capacidad de disfrute por el mundo para obtener sus beneficios, como quien riega agua en un jardín. El apego nos pone anteojeras y nos dirige a un solo lugar, como si no hubiera más experiencias atractivas y agradables en el mundo. Aceptar esto pasivamente es acabarse como persona.

Trata de no repetir lo que otros hicieron o dijeron que debías hacer, como si fueras un autómata. No te vuelvas predecible. Ensaya nuevos comportamientos y sacude los cimientos de los lugares comunes. Tu mente está preparada para esculcar más allá de lo evidente. Salta de un esquema a otro, atrévete a descubrir y no te resignes a lo obvio. He conocido gente que lleva el mismo peinado, se viste de la misma manera y lee los mismos libros desde hace veinte años. Es evidente que uno se queda con lo que mejor le funciona y le hace sentir bien, pero si te paralizas en lo fundamental, tu mente se contaminará como el agua de un estanque que no fluye.

No esperes a estar seguro o segura para arrancar a vivir. No existe tal seguridad. Come cosas nuevas, explora maneras de vestirte, asiste a cursos exóticos, lee libros prohibidos, tíñete el pelo, escribe una novela que nadie lea, coquetea más, duerme en el piso, viaja sin rumbo, cambia tus prácticas, sacude la tradición que te exige el apego y entonces notarás que la dependencia perderá fuerza y atenuará su impacto sobre tu mente. Podrías decirte a ti mismo: "El apego no es lo único: la vida existe por otras partes". Y si logras convencerte seriamente de esta frase y con toda la energía que puedas, el apego quedará aplastado por su propio peso.

2. El miedo irracional a perder el control

La fobia a lo nuevo existe y es más común de lo que uno cree. Los que la padecen se han acostumbrado tanto a quedarse quietos que el movimiento les genera estrés y angustia. Una de mis pacientes, cuando salía con un hombre que le agradaba y tomaba una copa o dos, de inmediato se embutía un litro de agua para diluir el efecto del alcohol para evitar "perder el control" (no era más que vino y no tenía un pelo de alcohólica). Aceptemos que si uno está con un psicópata en potencia, sería prudente ni oler el vino y tener un guardaespaldas lo más cerca posible, pero los pretendientes de mi paciente eran hombres normales que nada tenían de asesinos en serie. Lo que la frenaba era el temor a ser "socialmente inadecuada" o sentirse ridícula.

Cuando el miedo a perder el control te embargue, pregúntate con una mano en el corazón y otra en el cerebro si existe un riesgo considerable y objetivo de que te lastimen. Y si el riesgo es real, retírate, pero si solo se trata de anticipaciones catastróficas, sin otra razón que tus debilidades, disfruta y vive. En un extremo están los descontrolados y en el otro los constipados emocionales, así que deberías buscar el punto medio. *Si no tienes ninguna vulnerabilidad especial que te predisponga a meterte en problemas y tu comportamiento es inofensivo para ti y la gente que te rodea, ¿por qué no?*

Deja que la espontaneidad también ocupe un lugar en tu vida. Tener una personalidad encapsulada no te hace mejor ni especial, solo te limita. No hablo de ser irresponsable, sino de no dejarse llevar por un control asfixiante. Recuerdo una paciente que se controlaba durante el orgasmo porque no quería excederse. Temía mostrar el placer sin inhibiciones. Si este fuera tu caso, la solución es clara: simplemente déjate llevar. Déjate ir o venir, después de todo es *tu* orgasmo, es *tu* placer y no le estás haciendo mal a nadie. ¿Temes que el vecino se queje por los gritos?, pues baja el volumen sin apagar la música del erotismo. Y si tu pareja se escandaliza, búscate otra que sepa cantar a dúo sin resquemores. "Sentir poco" no es una virtud, es un síntoma.

3. El espíritu de rebeldía
o contra la autoridad que limita

Romper las ataduras del apego requiere, además de voluntad, cierto espíritu de rebeldía. Implica desarrollar una actitud de oposición frente a las coacciones y los modelos autoritarios que quieren influir sobre tu conducta, reprimiéndola o "encauzándola". No obstante, tal como afirmaba Fromm, no toda autoridad es negativa. Existe una autoridad racional, respetada y admirada, que considera a los demás como iguales. Y también existe una autoridad irracional que se impone a la fuerza, que no es respetada y que fomenta la desigualdad[76]. Los que han sido víctimas de una educación basada en la autoridad irracional (autoritarismo) suelen perder iniciativa y tienden a resignarse a su suerte. Les aterra ir contra la norma establecida y obviamente cualquier cambio que afecte la tradición. El culto a la autoridad restringe su espíritu aventurero.

Vuélvete más travieso, sublévate de tanto en tanto, especialmente cuando sientas que te aprietan demasiado las normas o los "no debes" sin fundamento. Ser un insurgente de la propia existencia es mezclar de manera adecuada la desobediencia y la amabilidad: "Lo siento, no quiero o no me apetece". ¿Lo dices alguna vez? No me refiero a ser un rebelde sin causa, sino a ser un defensor de tu esencia, así vaya en contra de la moda o la costumbre. A veces es importante salirse de la manada y no andar con la corriente, así te vean como un bicho raro. Eres único, no sé qué tan maravilloso, pero eres irrepetible. Y por el solo hecho de ser una singularidad pensante, tienes el derecho a disentir cuando creas que vale la pena hacerlo, ¡ejércelo!

El apego no prospera tan fácil en aquellas mentes inquietas que se oponen activamente al conformismo. Para hacerle frente a la dependencia hay que apuntar a ser interiormente libre y que no nos digan cómo pensar y sentir. ¿Qué puedes hacer? Desde hoy, sin excusas, sé tú mismo y no le rindas pleitesía a nada ni nadie. La gente apegada a las normas protestará por tu actitud, no les gustará verse confrontada. No es problema tuyo. El apego te hace mirar la vida por el ojo de una cerradura en vez de abrir la puerta de par en par; todo lo empequeñece y lo distorsiona ¿Recuerdas la película *The Truman Show*? Nada está escrito para siempre, nada es como parece ser y todo puede cambiar, incluso el miedo y la adicción que te manejan como títere. El espíritu de rebeldía te garantiza que si el apego ataca, no encontrará una presa fácil. Vuélvete insoportable para las mentes rígidas.

PARTE 3

¿POR QUÉ NOS APEGAMOS?
TRES PUERTAS QUE CONDUCEN
AL APEGO

Uno debe despojarse de todas las ataduras.
El que no se apega al nombre o la forma,
y no considera nada de su propiedad,
no será destruido por la amargura.

DHAMMAPADA

Señalaré tres mecanismos por los cuales el apego se instala en nuestra mente, provenga de donde provenga. Conocer estas "entradas" te permitirá identificarlas a tiempo y afrontarlas. Las puertas a las que me refiero son: a) la debilidad por el placer, b) la incapacidad para resolver los déficits personales y buscar señales de seguridad, y c) la ambición desmedida y la compulsión por "querer ser más".

Esto no significa que debas odiar el placer, rechazar la ayuda que puedan brindarte o negarte a progresar. No hablamos de eso, sino de apego: de avidez, de necesidad imperiosa y de obsesión. Me refiero al error que surge de considerar que alguna cosa o persona te brindarán placer *eterno*, seguridad *total* y *obtención garantizada* de autorrealización. Expectativas irracionales que te impedirán tener una vida plena y saludable. Nada ni nadie puede darte un imposible. Reacciona a tiempo, no traspases el umbral de las dependencias y ponle cerrojo a cada una de las puertas.

Lección 8

LA DEBILIDAD POR EL PLACER
(PRIMERA PUERTA)

El placer es como ciertas sustancias medicinales:
para obtener constantemente los mismos efectos
hay que doblar la dosis, y la última conlleva
la muerte o el embrutecimiento.

Balzac

El proceso del apego al placer:
versión rápida y versión lenta

La primera vez que experimentamos una intensa sensación placentera, la mayoría de nosotros mostramos el mismo patrón de respuesta: quisiéramos detener el tiempo y estirar el goce al máximo. La mente no se resigna fácilmente a la pérdida, y mientras disfruta se dice a sí misma: "¡Que dure!", "¡Que no se termine!". Y cuando el evento inevitablemente finaliza, creamos una imagen de lo sucedido para adherirnos a una esperanza teñida de nostalgia: "¡Quisiera repetir!". La ilusión que nos embarga pretende convertir lo efímero en eterno y que el placer siempre esté disponible.

A veces la experiencia placentera es de tal magnitud que con una sesión es suficiente. ¿Nunca te ha pasado? Conociste a alguien, te enredaste en menos de lo que canta un gallo y allí te quedaste anclado hasta los huesos. Lo sorprendente es que al cabo de los años aún puedes describir cada detalle y cada situación de aquel enredo, como si todo hubiera ocurrido hace unos minutos. Apego incrustado a fuego, en unas cuantas horas o en una noche, y, sobre todo, resistente al olvido. Este condicionamiento primario y básico tiene la fuerza de un huracán grado cinco. Veamos un caso.

Un joven que había ganado un premio de literatura en el colegio cuando era niño, tuvo este "anclaje emocional". Apenas tenía trece años cuando leyó el cuento ganador ante un salón repleto de personas y recibió un estruendoso y masivo aplauso del auditorio. Incluso algunos gritaron, como ocurre al finalizar un concierto: "¡Bravo!", "¡Bravo!". La algarabía de aquella gente le taladró el cerebro, condicionándolo de por vida. En una cita describió así lo sucedido: "Sentí que flotaba, que era un ser especial, un pequeño genio. Me desplacé a otro mundo…". Había probado una de las drogas más adictivas y aplastantes: la aprobación social. No necesitó cantidades extras ni refuerzos esporádicos, una sola exposición fue suficiente para querer repetir y mantener el efecto de "sentirse especial y admirado" por los demás. Ya adulto, siendo un periodista destacado, la necesidad de escribir una gran novela y ser reconocido por otros escritores se convirtió en obsesión y motivo de consulta. Estaba atrapado en un juego mental altamente nocivo: la ansiedad por el éxito le quitaba creatividad e inventiva, lo cual afectaba la calidad de sus escritos, lo que a su vez incrementaba su ansiedad paralizadora. Se sentía un fracasado y las sesiones de terapia, aunque lo tranquilizaron un poco, no le sirvieron de mucho. Necesitaba llevar a cabo una revolución interior de la que no era capaz. Todavía intenta escribir algo grandioso y excepcional, todavía añora repetir aquella experiencia extraordinaria que ocurrió hace treinta años y lo transportó a las alturas. He tratado con artistas que matarían por los aplausos del público y he conocido a otros que son capaces de actuar con la misma pasión y entrega, se trate de uno o de mil asistentes. Lo que mueve a estos últimos es el regocijo de una buena interpretación *per se* y no el "visto bueno" que llega de afuera. No es fácil alcanzar este punto de independencia, pero vale la pena intentarlo.

El apego al placer también puede producirse en pequeñas dosis sucesivas, que luego se agrandan a medida que el tiempo pasa (versión lenta). Pruebas algo que te gusta, y así no se te mueva el alma, la sensación positiva queda latente hasta sumarse a la próxima experiencia; a la segunda vez te gusta el doble; a la tercera se multiplica por tres, y así sucesivamente. A las pocas semanas ya es una progresión geométrica imparable: el placer se eleva a la enésima potencia y ya no puedes prescindir de él. Una vez más, la mente subyugada y embelesada empieza a suplicarte en voz baja: "¡Repitamos, por favor!".

LA INMADUREZ EMOCIONAL COMO VULNERABILIDAD AL APEGO

Detrás del apego se esconde un esquema de inmadurez emocional que hace a las personas *más susceptibles al placer* y *muy poco tolerantes al dolor*[77]. Recuerdo una paciente con este perfil que apenas podía hacerle frente a la vida. Su resistencia a la incomodidad era mínima y cuando tenía hambre, sueño o cualquier otra necesidad biológica o psicológica, le atacaba el mal humor. La carencia desorganizaba su repertorio y la volvía incapaz de lidiar con cualquier problema, por más simple que fuera. Además era altamente susceptible a crear adicciones, porque el disfrute la dominaba y no era capaz de renunciar a él. La vulnerabilidad era de doble vía: *o quedaba enganchada a cada situación placentera o entraba en crisis cuando las cosas no ocurrían como esperaba.* Su existencia era un sufrimiento continuo, porque hiciera lo que hiciera, la realidad no se acoplaba a sus exigencias. En su cuerpo de mujer adulta habitaba una niña egocéntrica que se negaba a crecer, y con una tolerancia a la frustración extremadamente baja. Solo al cabo de varios meses de terapia empezó a modificar el patrón de inmadurez y la creencia de que la vida era una prolongación de su ser. En una cita me dijo, como una expiación: "¡Qué duro es crecer!".

¿Cómo saber si alguien es emocionalmente inmaduro? Los investigadores coinciden en algunos puntos. Si eres una persona que no ha madurado lo suficiente (infantilismo cognitivo), cumplirás con la mayoría de las siguientes características[78]:

» *Bajo umbral para el dolor.* No soportarás la incomodidad, provenga de donde provenga. El menor sufrimiento será una pesadilla y harás cualquier cosa para evitar el dolor físico o psicológico.

» *Búsqueda exagerada de sensaciones.* Tu actitud será la de un devorador de emociones. Nada te será suficiente y te comportarás como un adicto a la novedad y a la estimulación.

» *Baja tolerancia a la frustración.* Si las cosas no son como te gustaría que fueran, te dará ira y harás pataletas, sofisticadas o disimuladas, pero pataletas al fin.

» *Afrontamiento dirigido a las emociones.* Cuando tengas un problema te preocuparás más por aliviar el malestar que sientes que por resolver la cuestión en sí (lo que perpetuará los problemas porque quedarán inconclusos y sin solucionar).

» *Poca introspección.* Tendrás dificultades para observarte a ti mismo, lo cual hará que poseas un autoconocimiento pobre.

» *Ilusión de permanencia.* Mantendrás y defenderás la creencia irracional de que el mundo es estático y poco cambiante. Tu mente no estará preparada para la pérdida.

» *Elevada impulsividad.* Tu autocontrol será deficiente y los estímulos tendrán un gran poder sobre tu conducta. Te faltará actitud reflexiva. Es probable que actúes y luego pienses.

Madurar implica "ver lo que es" y quitarse el velo del autoengaño sin anestesia. Cuando el príncipe Siddhartha descubrió que existían la vejez, la muerte y la enfermedad, despertó a una cruda realidad. Maduró emocionalmente por la fuerza y gracias al realismo más descarnado. Su padre y el séquito que lo rodeaba le habían hecho creer que todo era hermoso, cómodo y eterno para mantenerle a "salvo" del sufrimiento natural que acompaña la experiencia de vivir. Posteriormente, la dolorosa verdad lo convirtió en Buda.

EL TRASFONDO ÚLTIMO DE TODO APEGO: LA ILUSIÓN DE PERMANENCIA

Jalil Gibran, en un elogio a la "inestabilidad", escribía:

> El género humano es como un poema escrito en la superficie de un arroyo[79].

Todo pasa, todo transcurre, no importa las objeciones que tengas ni las rabietas que hagas. Habitamos la incertidumbre y tenemos que improvisar para sobrevivir: somos seres móviles tratando de adaptarse a escenarios abiertos que nunca se resuelven definitivamente. No niego la importancia de la planeación, sino que debemos ser flexibles y no pegarnos ciegamente a nada. Visto así, la existencia asusta. Un refrán popular afirma, a manera de consuelo, una de las ventajas de la impermanencia y la mutación constante de las cosas: "No hay mal que dure cien años ni cuerpo que lo resista". Impermanencia de todas las cosas: el amor, el poder, la vida, el sufrimiento, la belleza, la fama, el tiempo, la tecnología, los amigos, la espiritualidad, la manera de pensar, la salud, la familia, los hijos, el trabajo, y así hasta el infinito.

Una paciente vino a mi consulta porque había sido una actriz de cine muy conocida en su juventud y ahora se sentía "pasada de moda". Yo llamo a esto el síndrome de la actriz o el actor en decadencia, el cual podría extenderse a cualquier otra profesión (vg. deportista, administrador, político, etc.). La nostalgia y decepción se mezclan: "Fui muy bueno en lo que hacía, la gente me respetaba, no sé qué pasó...". Nos cuesta asimilar serenamente lo que fue y ya no es. Mi paciente, como si fuera una Greta Garbo en el exilio, se sentaba horas a verse a sí misma en las películas en las que había participado. Evocar aquellos tiempos de gloria le producía daño y aun así persistía en ello como un ritual depresivo. Después de varias citas aceptó lo evidente: hay un tiempo para cada cosa y el de ella había pasado. A su edad se había convertido en un ícono y un referente de cierto tipo de cine, pero ya estaba fuera del mundo de la producción y el estrellato. Si las cosas se presentan de este modo es más saludable reconocer los hechos y entregarse a la realidad. *C'est fini*, y a elaborar el duelo. Una vez que mi paciente logró incorporar estos cambios empezó a disfrutar de sus hijos, sus nietos y la gente que la rodeaba. A veces la reconocían por la calle y la saludaban con respeto y admiración. Mi paciente tenía ochenta y siete años.

La ilusión de permanencia o impermanencia (*anicca*, en pali[80]) es quizás el factor principal que nos impide "abdicar sanamente" de los apegos. Aceptar la impermanencia te permite decir: "Se acabó" o "Se fue", sin tratar de recuperar lo irrecuperable. Es hacerle el "duelo al placer" cuando el goce se desvanece o concluye; es la sabiduría de la extinción. ¿Cuántas veces has querido traer de regreso lo que ya no vendrá? ¿Cuántas veces te has quedado en "lo que podría haber sido y no fue", en vez de aceptar la pérdida? No existen puntos medios para un desapego bien procesado: hay que dejarlo ir, dejarlo morir. Creo que todos hemos buscado alguna vez en el aire, de manera automática, el ícono "deshacer" que tienen las computadoras para tener otra oportunidad.

El Sutra del Diamante nos enseña la siguiente idea del espejismo de la permanencia:

Así debéis considerar todo lo de este mundo efímero:
Una estrella al amanecer, una burbuja en un arroyo;
Un relámpago en una nube de verano;
Una llama vacilante, una sombra y un sueño[81.]

LA PRÁCTICA DEL DESAPEGO: CÓMO VENCER LA CREENCIA DE UN PLACER ETERNO E INAGOTABLE

1. Constatar que nada es permanente

La impermanencia budista, filosófica y psicológica sostienen que todo está en constante transformación, así lo percibamos igual e inmutable por nuestros sentidos. La premisa es como sigue: en el trasfondo de las cosas, la modificación nunca cesa. Dirás que esto ya lo sabías y que no es novedad, sin embargo, pregúntate si esta concepción ha penetrado en tus esquemas más profundos, como lo ha hecho, por ejemplo, la ley de la aceleración de la gravedad: tú no pretendes caminar en el aire porque ya sabes que te aplastarás contra el suelo si lo intentas (cada golpe que te has dado en la vida te lo ha hecho comprender). No necesitas cursos especiales ni explicaciones detalladas porque ya está incorporado a tu base de datos. Te has dado cuenta, ya lo conoces, lo tienes presente, forma parte de ti, como respirar o hablar. Pues de eso se trata: de *automatizar el principio de impermanencia y hacerlo tuyo,* desbaratar toda ilusión de inmovilización. Abre en tu mente una carpeta amarilla que diga: "Nada es para siempre", así el mito se resista. Instálalo.

En nuestra realidad más próxima podemos manipular aspectos superficiales que son estables, pero en lo más recóndito, en la estructura misma de la materia, la existencia es un caldo cuántico cambiante e inestable. Como ya dije antes, los budistas llaman "ignorancia" o "engaño" a la incapacidad de comprender que todo está en perpetuo cambio y que, por lo tanto, la existencia nunca será la misma. Aplicarlo a nuestras vidas es el comienzo del desapego y dejar de ir a ciegas.

Dos ilustres eruditos y un maestro espiritual descansaban en un bello paraje, debajo de un frondoso árbol que les daba sombra y frescor. Los dos letrados comenzaron a discutir sobre cómo se llevó a cabo la creación y cuánto podría haber tardado Dios en hacerla. Uno de ellos afirmaba que había tardado unos pocos días y el otro decía que varios años; a uno le parecía que la obra había quedado mal terminada y el otro sostenía que era perfecta. El maestro permanecía en silencio observando detalladamente el paisaje y todo lo que ocurría a su alrededor. Al verlo tan callado, le preguntaron su opinión. El maestro respondió: "Estaba mirando cómo se mueven las hojas de los árboles, lo saltarín que es aquel ratón que se desplaza por la pradera, el vuelo acompasado de los pájaros, las hormigas que trabajan sin descanso en ese enorme hormiguero, aquellas flores... Solo miraba...". Uno de los hombres le preguntó: "¿Y eso qué tiene que ver con lo que estamos hablando?". El maestro guardó silencio por unos instantes y luego dijo: "La creación no se ha terminado aún, se está llevando a cabo en este instante..."[82].

2. Viajar sin moverse

La máxima es como sigue: no importa lo que hagas y el
empeño que pongas en ello, no podrás retener algo que está
destinado a desaparecer. ¿Para qué aferrarte entonces? Tienes que adaptarte: si quieres tener una vida saludable, no
hay otra opción. Disfruta lo que sea, pero sin apegarte. ¿Te
dejaron de amar? Te queda el duelo para salir rápido del
enredo. ¿Que ya no eres el mejor? ¡Al fin podrás dormir
tranquilo! ¿Dejaste de ser bello o bella? ¡Que vivan los feos!
¿El orgasmo dura poco? Aprende a disfrutar de la fantasía
y el erotismo. ¿Has perdido aprobación social? Mejorará tu
narcisismo. ¿Antes eras casi un santo? Bienvenido al mundo de los normales. ¿Te cortaron la cuenta del teléfono móvil? Háblate a ti mismo un rato, a ver qué descubres. ¿Se
cayó la red? Acércate a la realidad, mira cómo es y qué se
siente. ¿Se acabó la certidumbre y te sientes ansioso? Re-
lájate y acepta lo peor que pueda ocurrir. *En lo sustancial,
desapegarse es ver las cosas como son y aceptarlas.* Esto es
lo que hay: todo se transforma y tú también. Puedes ofrecer
resistencia o viajar con el cosmos y divertirte.

Alguien le preguntó a un maestro budista cuál era el significado de la siguiente frase: "La persona que ha alcanzado
la iluminación viaja sin necesidad de moverse". Y el maestro respondió: "Siéntate ante tu ventana cada día y observa
cómo cambia constantemente el decorado de tu patio tra-
sero a medida que acompañas a la Tierra en su viaje anual
alrededor del Sol"[83].

3. Soñar no es delirar

Esperanza versus espejismos. ¿Anhelos o alucinaciones? El realismo marca la pauta: *ver lo que es sin anestesia y crudamente te hace más humano y eficiente*. Solo estando en contacto directo con lo que ocurre de verdad, con lo que realmente "es" podrás resolver un problema o afrontarlo. El engaño o el autoengaño no te sirven: necesitas información veraz para sobrevivir. Las mentiras que nos decimos son una de las tantas formas de evitación que utilizan las mentes confusas y temerosas.

Había un nómada que vivía en una montaña con su esposa y su suegra. Sus padres habían muerto. Un día tuvo que ir al pueblo en busca de provisiones. Llegó al escaparate de una tienda que vendía, entre otras cosas, un espejo y, como nunca viera uno antes, lo miró y vio lo que le pareció que era la imagen de su padre, muerto hacía mucho tiempo. Entró corriendo a la tienda y lo compró para luego ocultarlo en su bolsa, pues creía que era un objeto mágico. Ya en casa, sacaba el espejo cada noche de la bolsa y miraba lo que creía era el rostro de su padre. Su mujer lo observó haciendo eso y empezó a preguntarse qué era lo que le ocultaba, y en una ocasión en que su marido estuvo ausente ocupándose del rebaño, rebuscó en su bolsa hasta que halló el espejo. Al mirarlo vio una hermosa mujer y gritó: "El sinvergüenza de mi marido tiene una amante". Su madre dijo: "A ver, déjame ver. Estoy segura que la conozco". Recogió el espejo, lo miró y exclamó: "¿Estás tonta? ¡Pero si es el retrato de una vieja bruja! No tienes nada que temer"[84].

Imagina lo que quieras, juega con tus fantasías, pero no las confundas con los hechos y con las circunstancias objetivas. En psicología cognitiva, la tendencia a sesgar la información se denomina *distorsión cognitiva*, una manera de alterar la realidad/verdad a favor de las creencias que poseemos[85]. La intención de fondo es ver lo que nos conviene y construir un mundo irreal que se adapte a nuestros déficits e inseguridades en vez de resolverlos. Mucha gente hipersensible o con muy bajos umbrales al sufrimiento se protege de este modo. Qué prefieres: ¿conocer la verdad, así no sea maravillosa, o vivir una mentira inventada por tus distorsiones?

Ver la realidad sin analgésicos te enseñará a saber si debes persistir en la búsqueda de algo que te interese o retirarte en paz. Perseguir un imposible es absurdo y creer que no hay imposibles es una forma infantil de afrontar la existencia. No digo que te resignes anticipadamente, sino que no te engañes a ti mismo. Entregar las armas puede ser tan reconfortante como ganar la batalla, así los amantes del éxito protesten. El realismo te ayuda a no desgastarte, a no esperar peras del olmo y a no apegarte. Podrías ver el placer como las olas del mar: llegan hasta ti, te acarician y después se las lleva la marejada hasta un nuevo encuentro. Es verdad que puedes correr tras ellas, pero la ola se perderá en el agua que la envuelve y si pretendes atraparla, te ahogarás buscándola. No te pertenece, acéptalo, se ha ido.

4. Erradicar el egocentrismo

No eres tan importante como para que el cosmos gire a tu alrededor. Más bien es al revés. El universo te contiene, así que las cosas no "deben ser como te gustaría que fueran", son como son. Esto implica descentrarte, ser uno más entre todos y acabar con los brotes de narcisismo que a veces te surgen. Aceptar que el mundo no gira a tu alrededor es madurez y capacidad adaptativa. Hay que aprender a perder cuando las cosas escapan de tu control.

Un hombre que se sentía orgullosísimo del césped de su jardín se encontró un día con que en dicho césped crecía una gran cantidad de una hierba llamada "dientes de león". La planta se enredaba entre las flores, era bastante agresiva y crecía sin cesar. Trató por todos los medios de liberarse de ella, pero le fue imposible impedir que se convirtiera en una auténtica plaga. Viendo que nada le daba resultado escribió al Ministerio de Agricultura refiriendo todos los intentos que había hecho, y concluyó la carta preguntando: "¿Qué puedo hacer?". Al poco tiempo llegó la respuesta: "Le sugerimos que aprenda a amar el diente de león"[86].

Yo sé que te gusta pensar que todo lo puedes, que no hay límites y que el mundo no es más que una fábula narrativa que cada quien inventa a su gusto. Es evidente que la nueva era ha influido en esto y quizás prefieras vivir entre hadas, avatares y duendes, que entre seres humanos sudorosos y depredadores. Pero considera un segundo lo siguiente: vivir cabalgando en el pensamiento mágico quizás te impida descubrir la verdadera magia. Ninguna fantasía supera la realidad si estás dispuesto a observarla y dejas libre tu capacidad de asombro. No habrá duendes ni hadas, pero sí bosques majestuosos y cielos estrellados. No necesitas esconderte en lo ilusorio para obtener emociones fuertes: ¿has visto un amanecer en los Andes? ¿El deshielo en la Antártida? ¿Un atardecer pescando? ¿Te has parado al pie de una secuoya gigante? ¿Te has internado en el desierto? ¿Has estado en los jardines colgantes de Babilonia? ¿Te mojaste en alguna cascada perdida donde el agua es cristalina? ¿Has estado alguna vez en la mitad de un huracán? ¿Has observado cómo se espulgan los simios? ¿Te has bañado en el Ganges? Te aseguro que es más saludable bajar la arrogancia, dejar de girar alrededor del Sol y de vivir en mundos prestados para tomar lo que el universo te regala.

¿Qué se opone al egocentrismo? El descentramiento: compasión y humildad. ¿Que el placer se acabó? ¡Pues habrá otros! ¿Que tal o cual experiencia no fue como esperabas? Revisa entonces tus expectativas, quizás tus exigencias anden por las nubes o simplemente debas beber de otras fuentes. ¡Ya no te quejes! Si te lamentas pierdes tiempo. Tenlo como un dato importante: las personas que sufren de "infantilismo cognitivo" se apegan fácilmente a las cosas y sesgan mucho más la información que las personas maduras y realistas. Sufren más, se apegan más.

5. La vida placentera como fuente de bienestar

Bienvenidos los placeres que penetran nuestros sentidos básicos: una buena comida, tener sexo, oír música, ver una película, en fin, el placer de lo mundano y aquello que defendían los epicúreos de la antigüedad (hedonismo)[87]. Sin sentir este tipo de placer, mal llamado elemental, es difícil alcanzar un estado de bienestar, y es por eso que las personas reprimidas y encapsuladas se enferman más. Hay que darse gusto, pero hay que hacerlo esquivando los apegos. Si eres un adicto al "placer por el placer", no podrás disfrutar una vida hedonista. No disfrutarás nada porque la mente estará más preocupada por la pérdida que por la satisfacción. Cuando entras al apego por la primera puerta, te será muy difícil tener una vida plena y feliz, porque la búsqueda del placer terminará siendo una tortura.

Los hedonistas de pura cepa no aceptan el sufrimiento en ninguna de sus formas y rechazan todo tipo de dependencia porque les quita libertad emocional. Cuando era pequeño y comía algunas de las especialidades italianas que hacía mi madre, siempre me sentaba un poco triste a la mesa. Mi baja en el estado de ánimo tenía una preocupación básica y paradójica: se me acabarían las ganas de seguir comiendo una vez me hubiera satisfecho. Un duelo anticipado claramente gastronómico: ¡los ñoquis o la lasaña llegarían a su fin! La vida se veía cruel desde esa perspectiva culinaria. Mi apego a la cocina italiana me impedía disfrutar libremente de lo que comía porque en el fondo de mi corazón quería detener el tiempo para que el placer no se acabara. Sin duda, era un mal hedonista.

LECCIÓN 9

BUSCAR SEÑALES DE SEGURIDAD EN LUGAR DE RESOLVER LOS DÉFICITS PERSONALES (SEGUNDA PUERTA)

*Con toda seguridad donde encontrarás
una mano que te ayude será en el extremo
de tu propio brazo.*

NAPOLEÓN BONAPARTE

LA BALSA QUE LLEVAMOS A CUESTAS

Una persona se siente insegura si cree que no es capaz de alcanzar exitosamente determinados objetivos y/o se bloquea en situaciones vitales. Cuanto mayor sea tu inseguridad, más propenso estarás a buscar ayudas externas y apegarte a ellas. Obviamente, en determinadas circunstancias, uno puede depender de alguien para sobrevivir: el piloto del avión en el que estamos montados, el médico, el proveedor de comida, el bombero en un incendio, en fin, dependencias racionales que nos permiten subsistir en el mundo y de las cuales no podemos prescindir.

El problema se manifiesta cuando nos apegamos a una fuente de seguridad ficticia tratando de suplir incapacida-

des que podríamos superar si tuviéramos más confianza en
nosotros mismos o si nos animáramos a desarrollar ciertas
habilidades o competencias. Estas "estrategias compensato-
rias" (muletillas psicológcias) generalmente logran mante-
nernos a flote, pero no nos ayudan a resolver los déficits de
fondo[88]. Simplemente nos apegamos a ellas y las endiosa-
mos. Una parábola de Buda ilustra lo anterior:

> Un viajero llegó a la orilla de un río muy grande. El lado
> donde estaba era peligroso, había animales salvajes y el agua
> se salía de cauce, mientras que del otro lado del río todo
> lucía tranquilo y en calma. Como no había ningún puente
> para cruzar y no sabía nadar, decidió hacer una balsa. Juntó
> ramas de árbol, hierbas, hojas y logró construirla. Una vez
> que la terminó, se transportó felizmente hasta la orilla segu-
> ra. Entonces pensó: "Esta balsa me ha sido de gran ayuda,
> ya que he podido sortear los peligros y llegar a destino sano
> y salvo, debería llevarla conmigo a todas partes". Y se alejó
> con la balsa a cuestas[89].

¿Cuántos de nosotros hemos actuado así en la vida? Nos
apegamos a la balsa que alguna vez nos fue útil y la car-
gamos por las dudas, porque pensamos: "Nunca estamos
libres de una posible inundación". Sin embargo, una cosa
es ser previsor y otra dependiente. Durante años hemos ido
incorporando a la mente infinidad de cosas inútiles para enfrentar imponderables que nunca llegan. Almacenamos cosas que supuestamente subsanarán nuestras incompetencias
en lugar de resolverlas. La solución es aprender a nadar de
una vez por todas y tirar el salvavidas que todavía llevamos
puesto.

La autoexigencia como señal de seguridad

Marcela tenía veintidós años cuando pidió ayuda profesional. Consultó porque se sentía muy estresada y cansada. Había desarrollado un régimen de estudio demasiado autoexigente en la universidad, del cual ahora era víctima. Como factor adicional, sus excelentes resultados eran alabados por padres y profesores, quienes la ponían como un ejemplo de responsabilidad y dedicación. Ella había tomado muy en serio ese papel y hacía lo imposible para mantenerlo: no aceptaba cometer errores, revisaba exageradamente sus actividades en clase y hasta no estar "totalmente segura" no entregaba los trabajos que le asignaban. Cuando analicé su historia personal pude detectar dos hechos importantes. A los siete años le diagnosticaron una dislexia, lo que le hizo repetir un año escolar y tener problemas académicos de diversa índole. La segunda cuestión tenía que ver con su hermana menor, una niña brillante y sobresaliente en todo lo que hacía y con quien había competido toda la vida. Ambos factores (el déficit del aprendizaje y la comparación con su hermana) la llevaron a estructurar dos creencias de sí misma claramente autodestructivas: "Soy poco inteligente" y "Si quiero obtener algo en la vida, deberé dedicarme mucho más que las otras personas, debido a mi poca inteligencia". Con estos esquemas a cuestas fue creciendo, tratando de destacarse en las actividades que emprendía y esforzándose mucho más de lo que debía. La autoexigencia que tanto elogiaban los que la conocían, no era más que un escudo defensivo y una forma de "corregir" el supuesto déficit de su capacidad intelectual (la balsa a la que se refería Buda). Ese era su gran secreto. Cuando le sugerí que hiciéramos un test de inteligencia, primero entró en pánico y se negó, luego aceptó a regañadientes. El día en que le entregué los resultados me dijo: "Bueno, dígame qué tan retardada soy". Le respondí que los datos mostraban otra cosa: su cociente intelectual estaba ubicado en un percentil setenta en todas las áreas, lo que podía interpretarse como que era más inteligente que el setenta por ciento de la población. No era un genio, pero sí una joven muy capaz.

Este resultado, junto a otros datos, le mostraron una curiosa paradoja: la autoexigencia exagerada, que precisamente había desarrollado para sobrellevar su hipotética incapacidad, era la causa de su malestar. El remedio había sido peor que la enfermedad, y como suele ocurrir en estos casos: el miedo al fracaso generó más efectos negativos que el fracaso mismo. Finalmente, a medida que fue confiando en sus capacidades, la autoexigencia irracional perdió funcionalidad y dejó de ser "útil", simplemente se desvaneció (parafraseando a algunos maestros budistas, "como un pedazo de madera podrida se desprende de una barcaza abandonada"). A veces aprobaba y otras desaprobaba los exámenes, como la mayoría de los estudiantes y sin tanto aspaviento. Los profesores observaron un retroceso y yo una mejoría. Se graduó de ingeniera, sin honores y en paz, y dejó de compararse y competir con su hermana. Rompió la dependencia cuando llegó a una profunda y reveladora convicción: "Me basto a mí misma".

La dependencia de las cámaras bronceadoras

Un hombre de cuarenta años llegó a mi consulta debido a que su mujer sentía vergüenza de estar con él debido a que su piel tenía un bronceado exagerado. El hombre lo resumió así: "Mi mujer dice que no me veo natural, pero yo me siento muy bien... Vine a la consulta para evitar problemas". Todos los días, desde hacía cinco años, entraba a una cámara bronceadora para obtener o mantener el color deseado[90]. Pese a ser una persona bien parecida, su color de piel se veía artificial y cuando alguien se lo hacía notar, argüía que gracias al matiz "tostado" lucía como un personaje de la farándula. La cuestión se complicaba si salían de viaje, porque el hombre solo aceptaba ir a lugares donde hubiera cámaras bronceadoras disponibles. Además andaba con potes de crema para mantener el "tono adecuado" e incluso había intentado modificar la pigmentación de su piel con la ayuda de un cirujano plástico y un dermatólogo, sin ningún éxito. Varias veces al día se miraba en un pequeño espejo de aumento para verificar a la luz del día cómo estaba su coloración. En fin, su apego/adicción al color de la piel era evidente.

¿De dónde provenía esta preocupación? Un estudio detallado mostró que durante su infancia había sufrido burlas de sus compañeros debido a que su piel era extremadamente blanca. El hecho que más lo había impactado fue una vez en la adolescencia, cuando le declaró el amor a una mujer que le respondió literalmente (él aún guardaba en su diario de juventud las palabras): "Jamás saldría con alguien tan 'lechoso'". A partir de ese día configuró un síndrome similar al de Michael Jackson y, al igual que el cantante, rechazaba su fenotipo. Con el tiempo su piel había adquirido un color zanahoria que no pasaba desapercibido para los demás. Había un agravante más: las cámaras bronceadoras le estaban produciendo lesiones en la piel, lo cual preocupaba a los médicos y a su familia. El esquema que guiaba su conducta era el siguiente: "No me gusto porque mi piel es demasiado blanca, así que trataré de 'maquillar/disimular' este defecto con el bronceado". Broncearse equivalía a la balsa de Buda, ya que le permitía sobrevivir a una apariencia física que detestaba. Después de varios meses de terapia hizo un descubrimiento sorprendente para él: ¡a nadie le importaba su color blancuzco! Una vez que logró incorporar este hallazgo se motivó para el cambio. Poco a poco el bronceado perdió utilidad y las cremas fueron a parar al tarro de basura.

El mito de la seguridad psicológica

No existe la total seguridad psicológica. No hay certeza ni pases mágicos que te garanticen que nunca nadie ni nada te hará daño. Si eres de esos previsores crónicos que quieren tener todo bajo control, lo siento, pero estás perdiendo el tiempo. Es más, considerando los riesgos potenciales y las probabilidades en contra, estar libre de patologías o enfermedades severas ya es un milagro. El sueño de todos los dependientes que buscan compensar su déficit es estar rodeados de guardaespaldas afectivos y psicológicos que les impidan el menor sufrimiento o incomodidad (si pudieran regresar al líquido amniótico, no lo pensarían un instante). La premisa que les guía es como sigue: "Como no soy capaz de hacerme cargo de mí mismo, necesito que alguien más fuerte me adopte o me auxilie".

Te sorprenderías de lo que eres capaz de hacer en situaciones límite. Los seres humanos estamos hechos para resistir, estamos diseñados por la evolución para ser luchadores y guerreros de la supervivencia. Vivir no es estar metido en una burbuja que te quita movilidad y capacidad de exploración. La búsqueda de la seguridad extrema te volverá lento y pesado, serás cada día más inútil y vulnerable, exactamente lo que querías dejar de ser al apegarte a tus "salvadores".

Un molusco estaba muy orgulloso de su caparazón, lo mostraba y se vanagloriaba de él. Le decía a un pez: "Sí, señor; el mío es un castillo muy fuerte. Cuando lo cierro, nadie puede hacerme daño, a lo sumo apuntarme con el dedo. Es impenetrable, por eso vivo tan tranquilo y seguro". Así, mientras estaban hablando se sintió un chapoteo. El pez huyó prestamente, mientras que el otro se encerró en su envoltorio. Pasó un buen rato y el molusco empezó a preguntarse qué había sucedido. Como todo parecía muy tranquilo, abrió sus valvas para indagar y notó que ya no se hallaba en su medio habitual. Efectivamente, estaba junto a cientos de otros animales semejantes a él en un puesto de mercado, debajo de un cartel que decía: "$1.000 el kilo"[91].

Alan Watt cita una frase del maestro Dogen Zenji que refuerza lo anterior:

Si hubiera un pájaro que quisiera examinar primero el tamaño del cielo, o un pez que primero quisiera examinar la extensión del agua y luego tratara de volar o nadar, nunca podría moverse en el aire o en el agua[92].

LA PRÁCTICA DEL DESAPEGO: CÓMO EVITAR
QUE LOS SENTIMIENTOS DE INSEGURIDAD
NOS ARRASTREN AL APEGO

1. Eliminar los déficits

Aprender a superar nuestras inseguridades es indispensable
para evitar caer en el apego. Si no sabes manejar, dependerás
de un chofer o tendrás que compensar el "déficit" utilizando
otro medio de transporte, pero si aprendes a conducir, te
harás cargo de ti mismo. ¿No sabes nadar? Necesitas un
salvavidas. ¿No sabes caminar? Necesitas un caminador.
¿No sabes defenderte? Necesitas un guardaespaldas. ¿No
sabes hablar en público? Necesitas que alguien lo haga por
ti. Y no me refiero a incapacidades inevitables y objetivas,
como sufrir de alguna limitación insalvable, sino a dificultades psicológicas que son subsanables y parten de una autopercepción distorsionada de ti mismo.

Recuerdo el caso de dos amigos, uno tímido con las mujeres y el otro extrovertido y conquistador por naturaleza.
El primero fue creando una dependencia cada vez mayor
del segundo, hasta el extremo de no salir si el otro no salía.
En una cita me dijo: "Mi amigo es el que me provee compañía femenina porque soy muy inseguro con las mujeres, así
que dependo de él". Pero la dependencia se generalizó y mi
paciente terminó siendo una especie de "esclavo amistoso":
le compraba el mercado, se encargaba de la casa, de hacer
los trámites que hubiera que hacer y muchas cosas más. De
amigo a empleado, de compañero a servidor, y todo por el
miedo a perder la "ventaja" que le ofrecía suplir el miedo al
rechazo femenino. Ese era el trueque implícito. En cualquier

relación donde prima la dependencia y la necesidad de compensación, el vínculo puede desvirtuarse al extremo. Finalmente aceptó un tratamiento en habilidades heterosociales para aproximarse mejor al sexo opuesto y logró liberarse de la relación enfermiza con su "amigo". Cuando eliminas un déficit, casi siempre acabas con uno o varios apegos que servían de cuña. Esa es la regla, esa es la ley de los que entran a la dependencia por la segunda puerta y logran salir.

2. Caminar en el vacío

Es la sensación que se produce cuando decidimos soltar los bastones por primera vez y andar solos por la vida. Quizás te caigas una o dos veces, pero tarde o temprano lograrás mantenerte en pie. En cierta ocasión una paciente sufrió de vértigo y a partir de ese día, aunque logró curarse físicamente, siguió con el temor de perder el equilibrio al andar por sí misma. Tocar un objeto fijo y sólido mientras caminaba, o el simple roce de una pared, le brindaba la sensación de estar sostenida. Parte de la intervención terapéutica (obviamente con su consentimiento) fue llevarla a un parque abierto y dejarla allí, en medio de un enorme prado sin nada cerca. Lo primero que hizo fue sentarse, ya que la tierra era un lugar seguro. Al ver que tenía que desplazarse y no iba a recibir ayuda, intentó gatear pero no fue capaz. Así que no tuvo más remedio que levantarse y desplazarse sin más puntos de referencia que el equilibro natural de su propio cuerpo, así fuera trastabillando. Varios ensayos similares lograron que aprendiera a moverse sin apoyo. Hoy en día sale a trotar todas las mañanas.

Romper con los apegos implica asumir un punto de control interno en lo fundamental: "Dependo de mí" (un acto de autonomía y dignidad). "Caminar en el vacío" es andar solos a propósito, hasta lograr transitar por la vida sin cuidadores innecesarios. La premisa es simple: hazte cargo de tu persona y cuídate a ti mismo.

3. El poder liberador del hastío

El camino del desapego no siempre surge de la toma de conciencia y la iluminación; en muchas ocasiones existe una salida más elemental, menos trascendente y quizás más biológica: *el hastío o el cansancio y la saturación de tener que cargar el peso del apego*, porque si bien los apegos te atan, finalmente eres tú quien los arrastra. Tocar fondo puede ser tan liberador como tocar el cielo. ¿Hastiado de qué? De cualquier cosa que le quite sentido a tu vida, que te obligue a comportarte como no quieres o vaya en contra de tus principios. Modestia, incomodidad y "hastío positivo", del que te empuja a actuar en beneficio propio y a no querer más de lo mismo. Ansias de libertad, tranquilidad y sosiego. ¡Hastío salvador! Se le atribuyen a Buda las siguientes palabras:

El iluminado está hastiado de lo material, está hastiado de las sensaciones, de las percepciones, de las trampas de la mente, de la conciencia. Al llegar al hastío, pierde el apego a todo esto. Gracias a este alejamiento se libera. Y estando liberado... descubre esto: "Agotados están mis nacimientos, cumplida mi vida ascética, realizada mi tarea, ya no retornaré aquí abajo" [93].

El mantra cognitivo del hastío libertador afirma: "¡Me cansé de depender, de buscar seguridad por todas partes, de humillarme por miedo, de evadir peligros que no existen, de no sentirme capaz de enfrentar la vida solo!". Y sigue: "¡Ya no quiero depender de los más fuertes, sino confiar en mí mismo!". ¿Nunca te has sentido hostigado por algo o alguien? El apego empalaga. Un buen día te miras al espejo y no te gusta lo que ves. No me refiero a tu cuerpo, es peor que eso. Lo que no te gusta es lo que ves dentro de ti. Te sientes empequeñecido, arrodillado, suplicante, mostrando una debilidad que fastidia. Y entonces, sin ningún tipo de trascendencia o iluminación, te dices a ti mismo: "Ya no más". Cansancio existencial.

Cuando el hastío se canse del apego empezarás a abrirte paso. Piensa en los perros que viven encadenados y solo avanzan dos o tres metros a la redonda, husmeando y recorriendo el mismo lugar todo el tiempo y sintiéndose dueños de su empequeñecido mundo. ¡Qué tedio la falsa seguridad! Insisto: puedes vivir sin guardianes, sin amuletos, ser el dueño de tu propia suerte y, más aún, fabricarla e inventarla como se te dé la gana.

4. La vida gratificante como fuente de bienestar

La buena vida responde al desarrollo de nuestras fortalezas[94]. Sucede cuando nos sentimos gratificados con nosotros mismos porque podemos llevar a desarrollar nuestras cualidades y virtudes, nuestro verdadero potencial. Realmente es lo que queremos todos: poner en marcha el arsenal de competencias y valores de los que disponemos, el mayor tiempo posible. La vida gratificante no es tan efímera como la vida placentera básica, ya que toca tus fibras más íntimas y la parte más genuina de tu ser[95].

Aristóteles llamó *eudaimonia* a este tipo de "felicidad" que se asienta en el desarrollo de las virtudes personales. Si eres bueno para el deporte, debes ser deportista. Si eres bueno para el arte, debes ser artista. Si eres bueno para construir, debes ser ingeniero o arquitecto. Cuando tu vida gira alrededor de tu capacidad más auténtica, te sentirás muy bien y muy cerca de un bienestar pleno. Las cosas fluirán más y mejor, así de sencillo, así de maravilloso.

El problema es que no podrás tener acceso a ella si no eres más valiente y atrevido. Mientras estés apegado a algo o alguien para que te proteja, no podrás tener una vida gratificante. ¿Cómo realizarte y poner en práctica lo que eres viviendo a la sombra de otro? Si entras al apego por la segunda puerta, la inseguridad y el miedo a "no ser capaz" te harán cada día más infeliz. Encontrarás que al no enfrentar los déficits y tratar de "disimularlos" o compensarlos, nunca podrás desarrollar tus verdaderas fortalezas. Esta es la paradoja: *la dependencia a lo que consideras fuerte y seguro te hará débil e inseguro.*

Lección 10

LA COMPULSIÓN POR "QUERER SER MÁS" (TERCERA PUERTA)

> *En nuestros locos intentos renunciamos*
> *a lo que somos por lo que esperamos ser.*
>
> William Shakespeare

El círculo vicioso de la ambición

Nadie nos enseña a perder, a cambiar de rumbo sobre la marcha o simplemente a desistir con pundonor de nuestras metas cuando ya no hay nada que hacer. En cada fracaso actuamos como si se acabara el mundo y la vida. Aunque todos sabemos que "ser valiente" es distinto a "ser temerario" (incapacidad de medir el riesgo), el aprendizaje social exalta la idea irracional de no darnos por vencidos y morir con las botas puestas, no importan las circunstancias; preferimos un suicida testarudo a un buen perdedor.

La trampa de la "ambición desmedida" está por todas partes y se promulga con una consigna que nos inculcan desde niños: alcanzar el éxito a cualquier costo, así nos estrellemos en el intento. Lo que no nos dicen es que obsesionarse con el progreso personal, tarde o temprano, se devuelve como un bumerán y afecta la salud mental[96]. Los que caen en la "compulsión por obtener y llegar a ser más"[97], según los budistas, transforman el anhelo natural por la superación personal en una forma de tortura. No importa cuál sea tu objetivo, económico, espiritual, académico o estético, da lo mismo: *si confundes el progreso natural con el apremio o la obligación que genera apego, la satisfacción se convertirá en exigencia.*

Un labrador obsesionado por tener más tierras hablaba con un amigo:
—Me gustaría tener más tierras.
—¿Para qué? ¿No tienes ya suficientes?
—Si tuviera más tierra podría tener más vacas.
—¿Y qué harías con ellas?
—Venderlas y hacer dinero.
—¿Para qué?
—Para comprar más tierras y criar más vacas...[98]

El deseo como "potencia" (regulado, al servicio del bienestar y no como "carencia") es un factor constructivo que garantiza el desarrollo del potencial humano. Pero cuando este deseo nos sobrepasa y se nos escapa de las manos, perdemos el rumbo y retrocedemos. Es la tautología del deseo insano e insaciable que se cierra sobre sí mismo y se convierte en dolor autoinfligido.

El afán por ser el mejor

Lo que marca el apego no es soñar con batir un récord, recibir alguna medalla de oro en las Olimpiadas o el Premio Nobel, sino fundirnos con el premio y creer que somos parte de él. Convertirlo en imprescindible y ser incapaces de renunciar cuando debe hacerse. Pensamos que el éxito nos hará felices y que los logros personales son sinónimo de bienestar mental y físico, sin embargo, esta asociación se ve claramente desvirtuada o cuestionada en los casos que se conocen como personalidad tipo A[99]. Las personas que tienen esta personalidad son extremadamente competitivas, con una elevada necesidad de control, muy ambiciosas, obsesionadas por el trabajo y el poder. También suelen ser muy estresadas y propensas a muchas enfermedades físicas (vg. cerebro y cardiovasculares) y mentales (vg. ansiedad generalizada). El afán por destacarse las hace estar más pendientes de los triunfos que de su salud y, en consecuencia, no prestan atención a las señales de alerta que les manda el organismo. Por lo general manejan grandes proyectos y suelen ser personas muy valoradas socialmente. Las personalidades tipo A (algunos son "triple A") constituyen una amenaza para ellos mismos y para quienes los rodean, debido a que su estrés es contagioso. Si has tenido un jefe, una pareja o unos padres con estas características, sabes de qué hablo.

Pregúntate qué quieres: ¿ser el mejor o vivir bien? Y aunque es posible en ocasiones alcanzar ambas cosas, la verdad es que muy pocos lo consiguen. La "autorrealización a toda costa" suele estar reñida con una buena calidad de vida. Y no me refiero solamente al deseo desbordado por obtener bienes materiales, posición o poder, sino también a los que persiguiendo fines aparentemente loables encuentran que el ego los traiciona a mitad de camino. Me refiero a las personas que por querer lo imposible no disfrutan de lo posible. No digo que no se deba intentar un mejoramiento continuo, sino el hecho de que algunas formas de crecimiento se desvirtúan en el afán de buscar lo extraordinario.

En un pueblo de la India, cerca de un río, vivía un asceta que se vanagloriaba porque era capaz de caminar sobre las aguas. De tanto en tanto, para dar espectáculo, cruzaba el río caminando, dejando a todos los que lo miraban boquiabiertos. Un día llegó un monje reconocido por su gran saber y carácter espiritual. Al saber esto el asceta corrió a encontrarlo y le dijo: "Maestro, durante años me he ejercitado espiritualmente buscando la iluminación. Me he sometido a ayunos, penitencias y mortificaciones, y por fin he logrado caminar sobre las aguas". El monje se quedó pensado un rato y afirmó: "¡Qué desperdicio de tiempo! ¿Acaso no sabías que había barcas?"[100].

¡Cuánto tiempo hemos perdido buscando ser competentes en cosas inútiles y sin sentido, solo por sobrepasar el promedio! Los apegos siempre están al servicio de lo inútil, lo absurdo o lo peligroso, así que no pierdas el tiempo.

El crecimiento personal como desarrollo sostenible

El desarrollo personal debe ser sostenible, es decir, no agotar todos los recursos disponibles. La distancia entre lo que se tiene (económico, afectivo, psicológico, espiritual) y lo que se desea define el grado de insatisfacción o malestar: si deseas mucho más de lo que tienes, vivirás infeliz. Crecer sostenidamente es avanzar de acuerdo con nuestras posibilidades reales y concretas, sin presionar irracionalmente el organismo o crear falsas expectativas[101]. Una paciente muy religiosa me decía: "Yo debería ser más buena, esforzarme y entregarme más, pero no soy capaz". Le respondí: "Bien, encontraste tu límite. Muévete dentro de esas cotas y siembra allí donde puedas. Me has dicho que vas a un grupo de oración, que cumples los mandamientos de tu religión y ayudas a los demás cada vez que puedes, ¿por qué te parece poco? Sé de otras virtudes tuyas y, sin embargo, estás insatisfecha contigo misma porque quieres más. Te aseguro que no te crecerán alas. Quédate con lo que eres, mejora poco a poco y en paz. Dios no te quiere perfecta". Con el tiempo logró bajar su "ansiedad por ser buena" y comprendió que "ser mejor" no es lacerarse y sobreexigirse. La autoflagelación por amor a Dios solo queda en los resquicios de algunas mentes fanáticas apegadas al pasado.

El exceso conductual nunca es saludable

Quizás pienses: "Si hay pasión, no hay límites" o "Si hay pasión, todo lo puedes". Siento mucho decepcionarte: si la pasión que sientes está fuera de control (pasión obsesiva), no estarás a cargo de tu conducta y eso te convertirá en una bomba de tiempo. Los excesos conductuales, cognitivos o emocionales generan estrés y malestar así estén patrocinados por las mejores intenciones (recordemos el apego a la espiritualidad que analizamos antes).

Veamos dos casos de apegos considerados "buenos":

» La conducta altruista (prosocial) es vista como una virtud respetada y promocionada por todas las culturas, pero nadie nos alerta sobre los riesgos de sobrepasarnos de revoluciones e ir más allá de nuestras fuerzas. Nadie niega la importancia de la empatía y la solidaridad, el asunto es que, dadas ciertas circunstancias, socorrer de manera sostenida a una o varias personas puede generar estrés, depresión y/o fatiga crónica. Ayudar sin medir consecuencias, sin tener en cuenta realmente lo que uno es capaz de aguantar, genera un trastorno conocido como *burnout*[102]. Determinada gente se "quema", se "agota", se "bloquea" o se "funde", pierde gradualmente la energía del idealismo inicial y empieza a tensionarse o deprimirse. De ahí que ciertas áreas profesionales sean más susceptibles al *burnout*, como por ejemplo: medicina, enfermería, psicología y asistencia social, entre otras. No digo que no se deba auxiliar a los demás, lo que sostengo es que la "obsesión por socorrer a otros a cualquier costo" (apego), sin hacer un balance objetivo sobre las verdaderas capacidades físicas y psicológicas, podría hacer que nos pasemos de la raya. La conclusión es taxativa: el apego genera malestar, no importa cuán noble sea su objetivo.

» Nadie duda de que una posición optimista es mejor que una pesimista, no obstante, siempre es posible hallar excepciones a la regla: *si el optimismo es rígido y desproporcionado deja de ser funcional*[103]. Es preferible una actitud realista y adecuada a las circunstancias que un optimismo fuera de órbita y sin fundamento. Una de mis hijas tuvo problemas de bilirrubina al nacer: un pigmento biliar que aparece entre otras causas por la incompatibilidad de grupo sanguíneo. Esto requiere un tratamiento rápido de fototerapia y/o transfusión de sangre porque la bilirrubina puede asentarse en ciertas regiones del cerebro y crear retardo motor, entre otros problemas. No es un tema menor. Debido a que el examen de sangre había mostrado un puntaje extremadamente alto y la niña estaba amarilla, el pediatra decidió empezar de inmediato el tratamiento. Cuando le mostré los resultados del laboratorio a una amiga "ultraoptimista", al ver mi preocupación trató de tranquilizarme: "No te preocupes", me dijo, "deben haberse equivocado en el resultado". De haberme dejado llevar por su opinión, mi hija no se hubiera salvado.

Buda dijo algo muy simple y a la vez trascendente: "Ven y mira". No dijo: "Ven y especula, enrédate con teorías y abstracciones o ilusiones fuera de contexto". La sugerencia fue clara: mira sin distorsiones. La psicología cognitiva dice algo similar: *quédate con lo que es; sé un observador imparcial de tu entorno, de lo que te ocurre y entonces actúa*. Como dije antes: una cosa es soñar y otra muy distinta desvariar.

LA PRÁCTICA DEL DESAPEGO: CÓMO VENCER
LA COMPULSIÓN A "QUERER SER MÁS"

1. Un antídoto: las enseñanzas del maestro Eckhart

El maestro Eckhart, un dominico alemán del siglo XIII, reconocido como uno de los más grandes místicos de todos los tiempos, en un sermón referido a la pobreza afirmó que para hallar a Dios el hombre santo o sabio debía *no querer nada, no saber nada* y *no tener nada*[104]. No lo dijo en el sentido literal, más bien se refería a la austeridad de espíritu que enriquece el alma. Si no tienes nada a que atarte, serás más libre para ir donde te plazca.

» *No querer nada.* Significa desear lo menos posible, tal como lo explica el budismo: no ser esclavo del apego ni ansiar descontroladamente nada; ni objeto ni persona ni santidad. Liberarse de los apegos implicaría a su vez dos condiciones: *querer lo que uno es y ser lo que uno quiere.* Cuantas menos cosas tengas que resulten imprescindibles, más cerca estarás de la felicidad y la buena vida.

» *No saber nada.* Se refiere a no apegarse al conocimiento o no confundir el propio ser con el saber. Y en esto también hay coincidencia con las corrientes orientales: "Estar vacío del propio saber es dejar que el universo opere a través de uno". No es ignorancia, sino humildad cognoscitiva. Es la muerte del ego sabelotodo que te permitirá amar y conocer sin apegarte a ninguna de las dos cosas.

» *No tener nada.* En el sentido de no poseer (otra vez el budismo), tal como lo explicamos en la lección 6. No solo alude a despojarse de todas las cosas que uno "cree poseer", sino también de todas las obras y construcciones intelectuales o materiales de las que nos vanagloriamos. Despojarse de cualquier cosa que te aprisione, decía Eckhart, incluso de Dios, porque si quieres encontrarlo debes vaciarte hasta de él. No desearlo, no apegarte a él.

Dos textos orientales antiguos concuerdan con las tres premisas descritas.

a. El *Bhagavad Gita*, en su sabiduría, sugiere no apegarse a ningún logro:

> El que tiene fe y renuncia al resultado de sus obras encuentra paz... Y el que pierde esa fe bajo los impulsos de los deseos se apega a los frutos de la acción y queda encadenado[105].

b. Y el *Tao*, en su versículo 44, induce a lo mismo:

> ¿Qué es más importante para ti,
> tu vida o tu buen nombre?
> ¿Qué aporta más a tu existencia,
> tu persona o tus posesiones?
> Una gran ambición conduce forzosamente a la eterna ruina[106].

No subestimes las tres pautas de Eckhart. Cuando las cosas escapen de tu control, tus esfuerzos no conduzcan al fin que deseas y la depresión haga mella, las tres aseveraciones se convertirán en un gran soporte.

2. Dejarlo ir

Quizás no te haga feliz aceptar que hay cosas que escapan a tu control, pero esto es inevitable. La mente no quiere discernir cuando algo depende de ella y cuando no: lo quiere todo. El afán y la avidez por "querer ser más" inhiben la capacidad de saber hasta dónde se justifica perseguir un ideal y cuándo hay que dejarlo ir. Conocí a un hombre supremamente exitoso en su profesión que sufría porque quería ser el mejor y no lo era. Había dos personajes por encima de él, al menos eso decían las revistas especializadas. El apego a mantenerse en el "top de los top diez" lo mantenía angustiado y no le permitía disfrutar la vida: había un hueco en su alma que no lo podía llenar con nada. Una vez le pregunté si en verdad tenía alguna posibilidad de superar a sus dos "contrincantes" y me dijo: "No, ninguna, absolutamente ninguna...". Su frustración era inconsolable y su ego no dejaba de revolcarse en la envidia y de crear todo tipo de estratagemas, como pedirle a Dios que ambos murieran y le dejaran el ascenso libre.

"Dejarlo ir" significa: *ya no me interesa*. Implica decir: "Esta lucha no es mía, me desvinculo del premio y del reconocimiento o de lo que sea. Ya no es vital alcanzarte, ya no me apeteces, ya no te persigo". ¿La consecuencia? Volver a nacer. Mi paciente no pudo lograrlo y sus competidores, para su desgracia, aún están vivos. Dejarlo ir: indiferencia creativa, tan radical y maravillosa como un bálsamo. Si me dañas, si me quitas tranquilidad y salud, si me impides crecer como persona, pues adiós; no te anhelo, no te codicio, ni siquiera te sueño.

3. La vocación no necesita obsesión

Vocación: lo que harías gratis o pagarías por hacer porque te entusiasma. Ella misma se autorregula y te lleva armoniosamente por el camino correcto. La vocación es pasión saludable, se disfruta al andar, te absorbe y te recrea. No te preocupa la meta a la que debes llegar, ya estás en ella e implicado hasta la médula con el presente. Como dije en otra parte: es proceso en estado puro y goce por llevarla a cabo. El apego genera estrés, mientras que seguir la vocación produce alegría y tranquilidad.

No tienes que "llegar a ser", estás siendo a cada momento. Una de las frases que más me gusta escuchar es: "Nací para esto". Pienso que cuando alguien lo dice de corazón, ha dado en el clavo y se ha encontrado a sí mismo. El desarrollo de la vocación esencial genera inmunidad al apego y la "ambición de ser más" deja de tener sentido. ¿La respuesta? *Ya soy lo que quiero ser.*

4. La vida significativa como fuente de bienestar

Si has entrado por la tercera puerta del apego y estás obsesionado por tus proyectos personales, sean cuales fueren, no tendrás ojos para nada más y descuidarás el mundo que te rodea. Darle significado a tu existencia, haciendo que tus fortalezas y virtudes trasciendan tu propia persona e incluyan al prójimo (espiritualidad y compasión), hará que tu visión del mundo cambie radicalmente. Una vida con significado es más sensible, te aleja de la compulsión por el "más" y te acerca a la posibilidad de estar en paz contigo mismo y con el universo que te contiene (plenitud y simplicidad)[107]. Cuando estás llevando a cabo tus talentos naturales y no buscas la fama, descubrirás que la gente se acerca a ti, esa es una de las consecuencias de estar en consonancia con tu verdadero ser. Funciona como un imán biológico: todos sentimos una atracción especial por la gente que es coherente y auténtica.

Krishnamurti decía que la verdad no tiene caminos que conducen a ella. Yo diría que con el bienestar/felicidad pasa algo parecido: no hay que llegar a la cima, sino ir hacia adentro. En los momentos intensos de alegría y ventura, cuando te sientes realizado, así dure un segundo, existe una conformidad que no se pierde en metas imposibles ni recetas: no hay futuro que te arrastre ni pasado que te estanque. El siguiente diálogo entre un monje principiante y otro que llevaba años en el proceso de crecimiento nos muestra que quizás ya estamos en el lugar al cual añoramos ir:

–¿Por qué acudiste al maestro?

–Porque la vida no iba a ninguna parte ni me daba nada.

–¿Y adónde va ahora tu vida?

–A ninguna parte.

–¿Y qué te da ahora?

–Nada.

–Entonces, ¿cuál es la diferencia?

–Ahora no voy a ninguna parte porque no hay ninguna parte a la cual ir; y no obtengo nada porque no hay nada que desear[108].

Epílogo

PEQUEÑAS LECCIONES PARA GRANDES DEPENDENCIAS

*Más pequeño que lo pequeño, más grande que lo grande
es el espíritu ubicado en lo más oculto del hombre.*

KATHA UPANISHAD

No necesitas hacer la gran revolución, irte a una cueva en el Tíbet o entrar a formar parte de alguna nueva religión para desapegarte. La fórmula tiene tres elementos: voluntad, hastío y realismo. El trabajo es mental y personal, lo cual implica proponérselo seriamente, sin evitaciones ni autoengaños y teniendo claro que no hay dependencias inofensivas o enemigos pequeños. Si decides dejar de sufrir por apego, debes estar dispuesto a ir hasta las últimas consecuencias y modificar los esquemas que te atan o simplemente acabarlos, así duela, así sea difícil. Podríamos decir que el desapego es una forma de *trash out*: tirar la basura que has almacenado en tu mente a lo largo de tu vida y reinventarte, ¡hay tanta información que no sirve o simplemente estorba!

Las lecciones aquí presentadas no pretenden ser definitivas ni suficientes. Te ayudarán a comprender el funcionamiento de los apegos y a afrontarlos, pero no son milagrosas. Podríamos decir que funcionan como los antibióticos: una sola no produce cambios fundamentales, pero sumadas incrementan su poder antiapego.

He expuesto treinta y ocho estrategias y espacios de reflexión para empezar a cultivar el desapego a nivel cognitivo, emocional y comportamental. Si quieres ver cambios significativos, no te conformes con una aproximación conceptual, hay que aplicarlos y experimentarlos en carne propia.

A manera de recordatorio, los recursos presentados para hacerle frente al apego fueron:

1. Activar el Espartaco que llevamos dentro (pág. 55).
2. No estar donde no te quieren o te hacen daño (pág. 56).
3. La abstinencia es un sufrimiento útil que ayuda a desapegarte (pág. 58).
4. Listas de liberación personal (pág. 59).
5. Quitarle poder a las necesidades irracionales (pág. 61).
6. La "afición" no es "adicción" (pág. 75).
7. Distinguir entre "pasión armoniosa" y "pasión obsesiva" (pág. 76).
8. Hablar cara a cara con el deseo (pág. 78).
9. Disciplina y moderación: Dos factores antiapego (pág. 79).
10. Identificar el miedo que impide el desapego (pág. 85).
11. Aceptar lo peor que pueda ocurrir (pág. 87).
12. Asustar al miedo (pág. 89).

Revísalos, practícalos e incorpóralos a tu vida. Desapegarse es un mejoramiento continuo que hará que te sientas cada día más fuerte y más libre. Poco a poco, sin misterios y dignamente. Cuantos más apegos dejes caer por el camino de la vida, más cerca estarás de encontrarte a ti mismo.

Apéndice

¿A QUÉ NOS APEGAMOS?

Aunque los manuales sobre el tema de las dependencias conductuales se refieren solo a algunas adicciones, el abanico potencial va mucho más allá. Para que tengas una idea señalaré una lista de posibles apegos para que los tomes como referencia en lo que respecta a tu vida cotidiana. Esta lista no pretende ser completa y solo tiene un carácter informativo.

1. El apego a las personas
a quienes amamos o admiramos

Es uno de los apegos más comunes: pareja, amigos, hijos, padres, profesores. Si somos vulnerables (inmadurez, inseguridad, ambición), cualquier persona que nos brinde placer sostenido, seguridad o que colabore en nuestros proyectos de realización es potencial fuente de apego.

Poco a poco el otro comienza a volverse imprescindible para tu vida y bienestar. El apego se disfraza muchas veces de amor y entonces creas una dependencia emocional que

te enganchará al vínculo de manera patológica. El apego
a los demás te impedirá ser como eres. Cuando la persona
que "amas" esté ausente, no funcionarás bien en ninguna
área, te sentirás incompleto y te asaltará el miedo de perderla o de que le pase algo. Si piensas que no puedes vivir
sin tal o cual individuo, no importa el parentesco ni los
sentimientos que tengas hacia él o ella, sufres de adicción
afectiva y harás cualquier cosa por retener tu fuente de apego. No hay amor si hay apego, solo necesidad del otro.

2. El apego a la aprobación/reputación social

Sentirse motivado por la afiliación es normal. Querer estar
con gente y establecer buenos vínculos, o que simplemente nos acepten, forma parte del repertorio humano y algunos científicos consideran que es una necesidad innata. El
apego a la aprobación es otra cosa. Es la "necesidad" de:
a) sentirse reconocido y admirado por todas las personas
significativas de una comunidad (fama, aplausos, prestigio)
y b) evitar el rechazo, la burla o la no aceptación. Dos vulnerabilidades entrelazadas que nos hacen especialmente
débiles en las relaciones interpersonales. De hecho, las personas que sufren este apego son incapaces de ser naturales
y espontáneas porque siempre estarán haciendo lo que se
espera de ellas. Tratarán de quedar bien con todo el mundo
y, en lo posible, no crear oposición. El pensamiento que las
guía es que no pueden vivir sin la aceptación de los otros y
que harán cualquier cosa por mantener una "buena reputación" y evitar la crítica social. La aprobación es una droga
legal y una forma de control social.

El apego al reconocimiento hace que los individuos persigan un imposible: que todo el mundo los quiera. Pero la realidad demuestra que hagas lo que hagas, la mitad de la gente no te querrá o simplemente te ignorará. Un maestro espiritual decía que hay una sola cosa que Dios no puede hacer y es agradar a todo el mundo. Cuando atiendo en mi consulta a personas con este problema, suelo leerles un pequeño relato de Anthony de Mello:

> El maestro parecía absolutamente insensible a lo que la gente pensara de él. Cuando los discípulos le preguntaron cómo había alcanzado tal grado de libertad, él soltó una carcajada y dijo: "Hasta que tuve veinte años, nunca me preocupó lo que la gente pudiera pensar de mí. A partir de los veinte me preocupaba constantemente lo que pudieran pensar mis vecinos. Pero un día, después de cumplir los cincuenta, de pronto comprendí que ellos difícilmente habían pensado en mí"[109].

Una variación de la necesidad de aprobación es el apego a la posición social y a las credenciales personales asociadas (apellido, abolengo, clase social, historia familiar). Recuerdo una paciente cuyo mayor orgullo en la vida era que su padre había sido marqués y por esa razón pensaba que la gente le debía rendir pleitesía. Como consecuencia de tal creencia, si el elogio esperado no llegaba, se sentía "indignada". En cierta ocasión le insinué que quizás le daba demasiada importancia al título nobiliario de su progenitor y que lo ideal sería desapegarse de él para vivir más tranquila e igualarse al resto de la humanidad. Fue la última vez que la vi.

3. El apego a las posesiones materiales
y a la moda

Las personas que ponen su valía personal en las posesiones materiales suelen ser pobres de espíritu. Llenan con cosas externas lo que no tienen dentro. Una casa puede ser "legalmente" tuya, pero si ya la consideras "emocionalmente" tuya, es decir, que te define y aporta a tu valía personal, ya estás en los fangosos terrenos del apego. Y esto no siempre es evidente. El apego a las posesiones materiales te vuelve superficial y especialmente frágil, porque cualquier objeto se gasta y se acaba, y como dije antes: si él se acaba, tú te acabas. Esa es la cruel realidad de los apegados en general: *si vales por lo que tienes y lo pierdes, dejas de valer.* "Soy lo que tengo", esa es la norma de los que se apegan a los objetos. En algún lugar leí que un hombre compró un cuadro extremadamente costoso y donde debería ir la pintura colgó la factura de compra.

Pensemos en los adictos o apegados al *shopping*. A los que si no estrenan están *out*. Facundo Cabral, el cantante y poeta argentino, decía: "Escapa de los que compran lo que no necesitan, con el dinero que no tienen, para agradar a la gente que no vale la pena". No solo me refiero al consumismo desenfrenado, sino al aspecto psicológico de creerse "excepcional", "actual", "elegido" o "especial" por estar a la vanguardia de algún producto[110]. Comprar relaja y entretiene, como cuando vas a ver una película y te desenchufas un rato. Sin embargo, para muchos la acumulación de objetos materiales es más que puro entretenimiento: es la manifestación del "vales por lo que tienes". La compra compulsiva es una adicción conductual clasificada que necesita trata-miento[111]. El sociólogo Bauman[112] afirma que la cultura con-sumista hace que las personas desarrollen la preocupación por "estar y mantenerse a la delantera". Vale decir: "fashio-nistas", "grupo de referencia" o "los que cuentan", y cuya aprobación o rechazo traza la línea entre éxito y fracaso.

Un paciente tenía más de cincuenta relojes, los que usaba según la ocasión y la impresión que quería producir en los demás. No los coleccionaba, los incorporaba a su persona. En una ocasión la caja fuerte donde los guardaba se dañó y prefirió cancelar una importante reunión de negocios que te-nía porque no podía llevar el reloj "adecuado". En otro caso una paciente guardaba como su bien más preciado un collar de perlas auténticas con sus respectivos aretes. Apreciaba tanto sus joyas que se sentía orgullosa de ellas. Como ya dije, muchas personas no solo poseen cosas, sino que se "vincu-lan afectivamente con ellas". En este caso podría decirse que mi paciente "amaba" su collar. Lo extraño es que cuando se lo ponía, como si se tratara de una película de terror, el co-llar parecía apoderarse de ella: su personalidad cambiaba, se volvía más extrovertida, más atrevida y segura de sí misma. No era una simple alhaja.

4. El apego a las ideas

Alguien decía que no hay nada más peligroso que una idea, cuando es la única que se tiene. Es obvio que existen pre-ferencias y posiciones definidas frente a distintos eventos de la vida, e incluso es natural que respaldemos los puntos de vista en los cuales creemos. Es el juego de la mente que razona y se expone a los hechos. El problema del "apego a las ideas" no es que defienda sus creencias, sino la relación que el sujeto establece con las mismas, y que se fundamenta en dos aspectos insalubres: a) la persona se siente en posesión de la verdad absoluta, y b) se ha identificado con la creencia de tal manera que es incapaz de renunciar a ella. Un búnker cognitivo al cual se aferrará con uñas y dientes porque de eso dependerá su estabilidad emocional. Así de absurdo es el apego: "Yo *soy* mis ideas". Cualquier similitud con el fanatismo no es mera coincidencia. Para el apegado a las ideas, las otras visiones del mundo están equivocadas por definición y solo hay una verdad: la suya. Un desastre adaptativo.

Me contaron una vez, a manera de chiste, que un hombre se estaba ahogando en el río Magdalena. Dos pescadores que pasaban por allí, al ver lo que ocurría, le arrojaron un salvavidas, pero el hombre no se agarraba pese a estar a pocos centímetros de él. Los que trataban de auxiliarlo veían que el hombre parecía hablar solo mientras daba manotazos. Cuando se acercaron con el bote oyeron que decía: "¡Te estoy tragando, Magdalena, te estoy tragando!". El autoengaño siempre nos juega una mala pasada y se cuela por cualquier parte. Es más saludable dar el brazo a torcer cuando la realidad se impone y aceptar las cosas como son, que sesgar la información y evitar los hechos.

Dos vendedores católicos estaban trabajando frente a un burdel cuando vieron entrar a un rabino furtivamente en la casa, se miraron y dijeron: "¿Qué puedes esperar de un rabino?". Luego entró un pastor protestante y dijeron lo mismo: "¿Que más se puede esperar de un protestante?". Entonces ingresó un cura cubriéndose el rostro con una bufanda, y uno le dijo al otro: "Algunas de las chicas que trabajan allí deben estar muy enfermas, ¿no crees?"[113].

Si no hay otros puntos de vista válidos, el mundo girará a tu alrededor y te volverás insoportable y huraño. Serás como un patriarca fuera de época, rígido y alimentando las mismas ideas una y otra vez. Recuerda que defender lo que uno piensa es normal: *hacerlo con pasión armoniosa es de sabios, utilizar una pasión obsesiva es de tontos.*

5. EL APEGO A LA VIRTUD

Buscar de manera obsesiva la santidad, la iluminación o la autorrealización, en el campo que sea, es apego a la virtud. Adictos a la consciencia, decía De Mello. Tal como vimos, cuando nos sobrepasamos y queremos compulsivamente ayudar más allá de nuestras capacidades reales, podemos conformar una alteración llamada *burnout*. La entrega sacrificada o bondadosa puede entrar en cortocircuito si dependemos de ella para ser felices. La virtud es un punto medio (Aristóteles), un transitar con entusiasmo y pasión armoniosa hacia nuestras metas, sin excedernos. La obsesión por Dios aleja a Dios; la obsesión por el amor aleja el amor; la obsesión por la felicidad te hace infeliz. Es el contrasentido al que induce cualquier dependencia psicológica. Pasado cierto límite, la compulsión a "ser más" te lleva a ser menos.

Recuerda que error no es maldad. Equivocarse no elimina tus valores ni te hace "malo" o indigno. Este miedo es el que sustenta muchas veces el apego a la virtud y la convierte en una pesada carga, cuando debería ser motivo de alegría y realización. Cualquier práctica, incluso la altruista, debe ser relativa. El Sutra del Diamante afirma:

En la práctica de la caridad una persona que busca la iluminación debe ser desapegada. O sea, debe practicar la caridad sin mirar las apariencias, sin prestar importancia a sonidos, olores, tactos, gustos o cualquier cualidad. Así que debe practicar caridad sin apego. ¿Por qué? Porque en tal caso su mérito será incalculable[114].

En ocasiones el apego a la virtud oculta una falsa humildad. No se busca crecer, sino que el ego (yo posesivo) se satisfaga entre alabanzas y lisonjas: "¡El gran líder espiritual!", "¡El gran hombre!" o "¡El mejor ciudadano!". Esta trampa de la mente es muy común y por tal razón una modestia ponderada debería acompañarnos todo el tiempo.

6. El apego a las emociones

Pondré dos ejemplos: el apego al sufrimiento y a la felicidad. Uno puede *apegarse al sufrimiento* porque no se siente merecedor y se castiga, o simplemente por puro condicionamiento social: "Para sentirse bien hay que sentirse mal" o "La alegría debe estar bajo control". Un aprendizaje en el que se nos enseña que mucha alegría es potencialmente peligrosa porque podríamos quedar adheridos a ella es una fábrica de patología. Cuando esto es así, el apego al sufrimiento se transforma en "personalidad sufriente" y hace que la persona quede enganchada al dolor y evite el placer porque es su deber. El masoquismo moral es un ejemplo de este "placer doloroso" o "dolor placentero".

Frente a este panorama emocionalmente desolador de excluir cualquier tipo de alegría por "sospechosa", se encuentra el otro extremo: personas *apegadas a la felicidad*. No soportan el mínimo sufrimiento y lo evitan a cualquier costo. Buscan obsesivamente el placer/alegría y generan una fobia a cualquier situación incómoda. El "me gusta" o "me hace sentir bien" se convierten en el fundamento último que orienta su comportamiento, como si una búsqueda irracional de la "euforia perpetua" fuera la principal y única motivación[115]. Ser feliz se transforma en una obsesión, una dependencia o una obligación. ¿Dónde queda el derecho a estar triste?

Una persona desapegada anda entre las dos aguas emocionales con naturalidad: algunos días sufrirá los rigores de la tristeza y otros se montará al carrusel de la alegría. No necesitas estar contento a toda hora, como tampoco necesitas hacer del sufrimiento un estilo de vida. Puedes ser escandalosamente feliz sin estar apegado a la felicidad y enfrentar con entereza el sufrimiento (incluso aprender de él) sin convertirlo en una virtud.

7. EL APEGO AL JUEGO

Una de las claves de la adicción al juego es la "ilusión de
control" cuando se está ejecutando la conducta, es decir,
cuando creemos que podemos "influir" sobre las máquinas
tragamonedas, la ruleta, los dados, las cartas o cualquier
otro elemento. Las características más comunes que con-
figuran una dependencia al juego son: gastar más dinero
de lo planeado, apostar para recuperar lo perdido y seguir
jugando incluso si se pierde. Cuando ocurre esto ya pasaste
del juego normal, recreativo y sin riesgos, al apego.

La ilusión de control es una forma de pensamiento mágico, es creer que si se llevan a cabo determinados ritos, la
suerte se volcará a nuestro favor. En otros casos lo que mueve al jugador es el reto, ganar y llegar a una meta (sentirse
poderoso y triunfador), como es el caso de los videojuegos:
superar la programación de la máquina y tumbar las probabilidades[116].

¿Qué hace que gente se deje atrapar por esta dependencia? Superar el aburrimiento, tener o ampliar sus relaciones
sociales, ganar dinero, olvidar los problemas, distraerse o
la mera estimulación fuerte[117]. Las consecuencias del apego
al juego suelen ser un desastre: endeudamiento, dificultades familiares y a veces con la justicia, malestar emocional
(culpa, depresión, ansiedad), descuido de responsabilidades
básicas, deterioro en la pareja, pérdida de las relaciones sociales, entre otras. Si pusieras en una balanza las ventajas
y desventajas, no habría que pensar demasiado la elección.
Hay muchas formas saludables de obtener emociones y gratificaciones similares a las que genera el juego sin pagar un
costo psicológico y económico tan alto.

8. EL APEGO A QUERER HACERLO TODO BIEN

No defiendo la dejadez o la ineficiencia, sino una eficiencia relajada. Tampoco me refiero a tiempos de guerra ni a la lucha por la supervivencia, que debe hacerse con todas las antenas puestas, sino al peso de tener que ser eficiente y competente todo el tiempo y a toda hora. De pequeños nos dan una lupa y nos dicen: "¡Obsérvate con ella hasta el mínimo detalle para que magnifiques tus errores y los corrijas!". Mi pregunta es simple: ¿Y qué hay de los aciertos? ¿Dónde está la otra lupa? Desmontemos este flagelo socialmente aceptado: *equivocarse no es fracasar.*

Con este vía crucis sobre la mente es apenas natural que la excelencia se convierta en un mandato social. Un adolescente me decía: "No me conformo con ser feliz, debo ser el mejor". Cuando le pregunté en qué actividad quería destacarse, me respondió: "No sé, en cualquier cosa, pero debo ser el mejor". El miedo a cometer errores y quedarse rezagado respecto a los genios (que no abundan) se convierte con el tiempo en una mezcla de perfeccionismo y autoexigencia muy difícil de sobrellevar.

Bájate de las nubes, simplemente trata de hacer las cosas bien y con pasión armoniosa y el éxito llegará cuando menos lo pienses. Si deseas que todo sea perfecto, encontrarás un primer obstáculo insalvable: *tú no lo eres.* Quizás no tienes la autoridad moral para exigir tanto.

Nasrudin (personaje mítico de la tradición sufí) conversaba con un amigo:

—Entonces, ¿nunca pensaste en casarte?

–Sí, pensé –respondió Nasrudin–. En mi juventud resolví buscar a la mujer perfecta. Crucé el desierto, llegué a
Damasco y conocí a una mujer espiritual y linda; pero ella
no sabía nada de las cosas de este mundo. Continué viajan-
do y en otra parte encontré una mujer que conocía el reino
de lo material y el del espíritu, era muy completa, pero no era
bonita. Entonces resolví ir hasta El Cairo, donde por fin encontré a una bella mujer, religiosa y conocedora del mundo
material, muy inteligente y sagaz.

–¿Y por qué no te casaste con ella?

–¡Ah, compañero mío! Lamentablemente ella también
quería un hombre perfecto[118].

9. El apego al trabajo

El apego al trabajo implica una absorción mental y física
por la actividad laboral[119]. El trabajo va interfiriendo la vida
normal de familia, los amigos, los hijos y la pareja. Todo se
contamina. El afectado siente que ya no tiene control, como
si un virus se hubiera apoderado de su voluntad. Trabajar
pasa a ser lo más importante, lo único que vale la pena y lo
que justifica la existencia. ¿Qué hay detrás de esta adicción
socialmente aceptada y apreciada? Ideas sobrevaloradas de
dinero, éxito, poder o prestigio y, en ocasiones, un exagerado sentido del deber que obliga al sacrificio.

El impulso adictivo a trabajar quita la capacidad de
disfrute. Y cuando digo "pérdida de disfrute" no solo me
refiero al goce de la vida en general, sino también y paradójicamente a lo laboral. Los apegados al trabajo terminan
padeciéndolo por el miedo al fracaso, a perder su fuente de

ingresos y al mal ambiente que generan a su alrededor debido al estrés que soportan. En general hacen un mal uso de su tiempo libre y sienten una gran incomodidad ante el ocio y el descanso. Todo lo que no sea trabajar es no "producir" y, por lo tanto, prescindible, superfluo o sin sentido. El imperativo que los mueve es un esfuerzo sostenido, que suele transformarse en fatiga crónica e irritabilidad.

¿Se recuperan? Muchos logran reestructurar su vida en momentos de crisis o situaciones límite. Cuando los hechos los ponen entre la espada y la pared (una enfermedad, una quiebra económica, una separación), tal como vimos en el caso de la Lección 1, los apegados al trabajo descubren que hay cosas tan o más sustanciales que una empresa o trabajar obsesivamente. El "sentido de pertenencia" es primero con uno mismo.

10. El apego al pasado y la autoridad

Parto del hecho de que la tradición y la historia que nos determina en gran parte (personal, familiar o social), no es en sí misma negativa. Hay gente "tradicionalista" cuya mente es libre y fluye con los cambios, porque si bien respetan su tradición, no son esclavos de ella. De lo que hablo es del apego al pasado y la tradición, de la fobia a los cambios, del culto a lo que fue y debería seguir siendo igual. Si el pasado te momifica en vez de enseñarte, no te sirve. Emerson[120] se preguntaba al respecto: "¿Es la bellota del roble mejor que el árbol? ¿Es el padre mejor que el hijo, en el que ha vertido la madurez de su ser? ¿Por qué entonces esta adoración por el pasado?". Muchas veces se nos cuelan ritos absurdos que no tienen más fundamento que la costumbre y que repetimos sin cuestionar. El siguiente relato es un buen ejemplo:

> Cuando, cada tarde, se sentaba el gurú para las prácticas del culto, siempre andaba por allí el gato del ashram distrayendo a los fieles. De manera que ordenó el gurú que ataran al gato durante el culto de la tarde. Mucho después de haber muerto el gurú, seguían atando al gato durante el referido culto. Y cuando el gato murió, llevaron otro gato al ashram para poder atarlo durante el culto vespertino. Siglos más tarde los discípulos del gurú escribieron doctos tratados acerca del importante papel que desempeña el gato en la realización de un culto como es debido[121].

Tengo un amigo que viaja mucho, pero en realidad nunca está en los lugares que visita. El hombre se la pasa sacando fotos, ve el paisaje por el ojo del disparador de su Canon ultra moderna y cuando llega del paseo conecta todo al computador, destapa una botella de vino y las mira, se ríe y se divierte. El problema es que siempre se le queda por fuera el olor, la brisa, la temperatura de la piel y todo el andamiaje sensorial que hace posible que tal o cual lugar no solo se mire sino también se respire. La mirada retrospectiva es una cosa, pero perderse lo vivencial que nos regala el aquí y ahora es una lástima. No es lo mismo ver una foto aséptica de los Andes, así sea bonita, que estar en mitad de la nieve, riendo con unos compañeros de viaje, sintiendo el sol en el rostro y mirando el cielo azul sobre los blancos picos. Mi amigo está encadenado al pasado, sus viajes son recordatorios de lo que la memoria quiera brindarle. Podría sacar fotos "después" de apreciar los instantes en vivo y en directo, pero prefiere retratarlos y "recuperar" la información después. Gustos son gustos.

Una variación del apego al pasado y la tradición es hacer un culto a la autoridad, inclinarse ante ella y rendir pleitesía a la jerarquía, cualquiera que esta sea. He conocido infinidad de gente brillante e inteligente que está dominada por los que supuestamente "saben más". Una cosa es admirar y otra someterse. Si tienes que pedir permiso moral, psicológico y emocional para decidir por ti mismo, o si te da pánico ir contra la tradición instaurada cuando lo creas necesario, sufres de "apego a la autoridad".

11. El apego a Internet

Las ventajas de Internet son innegables y no utilizarlo es quedarse fuera de la sociedad actual. La cuestión se complica cuando su uso se vuelve incontrolable y además interfiere con la vida cotidiana. ¿Cómo sabes que has creado una adicción a Internet? a) dormirás muy poco por no quitarle tiempo a la red, b) descuidarás otras actividades, c) la gente que te rodea empezará a quejarse por el uso exagerado que haces de Internet, d) pensarás constantemente en "conectarte", y e) cuando quieras parar no podrás hacerlo. La sensación es que la red tira de tu humanidad. Dirás que solo navegarás unos minutos y allí te quedarás enganchado el día entero. Ni qué hablar si se bloquea Internet o se te prohíbe su utilización: harás un síndrome de abstinencia con todos sus componentes[122].

Las personas que carecen de habilidades sociales o tími-
das son muy propensas a caer en este apego, ya que Internet
les permite ocultarse e interactuar sin dar la cara. Aun así, los
fóbicos sociales que sufren de apego a las tecnologías agudi-
zan sus síntomas, porque al no exponerse a las situaciones
temidas, mantienen el temor vivo y activo. La gente que se
siente sola o que tiene problemas de pareja también encuentra en Internet un refugio a sus problemas, así no los resuelva
e incluso a veces los agrave. Las adicciones o los apegos a las
nuevas tecnologías ya han sido reconocidos, clasificados e
investigados en la literatura científica en sus diversas moda-
lidades, como por ejemplo el teléfono celular o los videojuegos, entre otros[123].

12. EL APEGO AL PROPIO CUERPO Y LA BELLEZA

La fantasía de los apegados a la belleza y al propio cuerpo
es poder detener el tiempo y mantenerse físicamente inmor-
tales. Expectativa infantil y patrocinada por un consumismo que ofrece un arsenal de recursos antienvejecimiento y
patologías asociadas. Solo para señalar algunos: gimnasios
especializados, ortorexia (obsesión por la comida sana), ba-
lones gástricos, cremas reductoras y maquillajes, potomanía
(obsesión por tomar agua), botox y rellenos, láser, thermage o implantes de todo tipo. El menú es amplio y variado,
además de unisex. El apego a la belleza esconde la creencia
de que si uno no está acorde a los patrones y la tendencia
estética predominante deberá sentirse infeliz. Cuando esta
dependencia se instala, la autopercepción se distorsiona y

unos gramos de más o cualquier protuberancia mal ubicada desorganizan la estabilidad mental. Una premisa enfermiza recorre infinidad de mentes: "Vales por lo que aparentas".

No sostengo que la apariencia física no deba importarnos para nada y ser "dejados" con nuestro arreglo personal, pero tampoco hay que exagerar y desesperarnos si no somos lo que la sociedad afirma que deberíamos ser. Si miras a tu alrededor verás que la gran mayoría de las personas no están enganchadas con adonis ni con divas, sino con gente como tú o como yo, gente común, fea o normal, con alguna que otra mácula o "desperfecto".

Aunque a los estilistas no les guste: hay feos lindos y feas lindas. Y este aparente contrasentido lo da el toque de simpatía, la desenvoltura, el humor, la inteligencia, el garbo, la manera de coquetear y la mirada, entre otros atributos, y no un cuerpo esculpido por algún cirujano.

Sabrás que estás apegada o apegado a la belleza cuando pasas mucho tiempo pensando en ello, te miras al espejo cada vez que puedes buscando alguna "falla", gastas mucho dinero en "arreglos", te sientes con frecuencia inseguro o insegura con tu aspecto, y cuando evalúas a las personas lo haces principalmente por su apariencia física. Si eres alguien que le da mucho valor a la belleza exterior, quizás olvides lo que va por dentro. Piénsalo.

13. EL APEGO AL DINERO

Unos coleccionan objetos y algunos dinero. En la película *Wall Sreet 2* un joven le pregunta a un millonario cuáles son sus límites. El hombre se queda pensando, esboza una sonrisa y le responde: "Más". He conocido una gran cantidad de personas que hacen del dinero una adicción, simplemente porque este se ha vuelto un fin en sí mismo. En psicología se dice que el dinero es un "reforzador generalizado" debido a que te permite acceder a infinidad de gratificaciones subsidiarias. De todas maneras, y pese al poder social que genera, las investigaciones realizadas en todo el mundo son claras en demostrar que el dinero no predice la felicidad[124].

¿Qué hay detrás del apego al dinero? Tres elementos que confluyen y se amalgaman en un estilo poco adaptativo: ambición desmedida, ansias de poder/posición y el temor a perder los privilegios. Una vez que alguien cae en el apego al dinero, automáticamente se dispara el miedo a ser pobre. La pesadilla que nubla la mente de hombres y mujeres adictos a su riqueza es que algún día terminen en la calle sin un peso. En mi experiencia clínica he encontrado que muchas de estas personas son especialmente avaras y cuando uno les pregunta por qué son así, la respuesta suele ser: "Las grandes fortunas se hacen cuidando el centavo". O si la pregunta es: "¿No cree que ya tiene bastante dinero?", responden: "Nunca es bastante".

La gente apegada al dinero sufre. Desarrollan paranoia, sienten que los demás son interesados, suelen quedarse solos, y debido a su obsesión por cuidar lo que tienen y mantenerlo a salvo, dejan de disfrutar la vida con tranquilidad, algo similar a lo que les ocurre a los adictos al trabajo. Un trauma adicional aparece cuando descubren que el dinero no lo compra todo, ya sea porque enferman o se enamoran de alguien que no se vende al mejor postor.

La ecuación que mantienen en sus cabezas es como sigue: dinero + poder + éxito = gloria. Detrás de cada apegado al dinero hay un reyezuelo o un dictador en potencia al que le gusta ejercer el mando. Su ego no resiste decirse a sí mismo: "Soy importante". Jalil Gibran retrata bellamente las consecuencias de la gloria cuando esta se sale de las manos y nos sobrepasa:

Te he visto, hermano mío, sentado en el trono de la gloria. La gente se apretaba a tu alrededor para clamar tu majestad, cantando alabanzas a tus hazañas y mirándote como si estuvieran en presencia de un mesías, con sus espíritus elevándose hasta la bóveda del cielo. Y mientras mirabas a tus súbditos he visto en tu rostro las marcas de tu alegría, de tu poder y de tu triunfo, como si fueras el alma de sus cuerpos.

Pero cuando alcé de nuevo la mirada, te encontré perdido en tu soledad, de pie al lado de tu trono, como un exiliado que tiende la mano en todas las direcciones pidiendo a los espíritus invisibles su misericordia y su ternura, reclamando un refugio, aunque este no contenga más que calor y amistad[125].

BIBLIOGRAFÍA Y NOTAS

1   Prescot, J. (2009). Disponible en: http://www.hbgrotary. org/good-news-reporting/alice-mackenzie-swaims-poe try-is-universal-timeless-extraordinary. Consultado: 16 de enero de 2012.

2   Bareau, A. (2000). *Buda: vida y pensamiento*. Madrid: Edaf.

3   Bowlby, J. (1985). *La separación afectiva*. Buenos Aires: Paidós. Bowlby, J. (1990). *La pérdida afectiva*. Buenos Aires: Paidós.

4   Sahdra, B.K., Shaver, P.R. y Brown, K.W. (2010). A scale to measure nonattachment: A buddhist complement to western research on attachmnet and adaptative functioning. *Journal of Personality Assessment*, 92, 116-127.

5   Buddahadasa, A. (2001). *La causa del sufrimiento*. Buenos Aires: Kier. Ver también *Wikipedia*. Disponible en: http:// en.wikipedia.org/wiki/Ta% E1%B9%87h%C4%81. Consultado: 17 de febrero de 2010.

6   Vimalaramsi, B. (2006). Disponible en: http://www. dhammasukha.org/espanol/Estudio/Articulos/series1-spa.htm. Consultado: 12 de diciembre de 2011.

7   Algunas corrientes orientales de línea dura sostienen que si logramos prescindir radicalmente del deseo "estaremos cerca de los dioses". Y quizás tengan razón, aunque dudo que algún humano lo haya logrado alguna vez sin dejar de ser humano. Un verso de los *Upanisad* reafirma este pun-

to de vista y aconseja no desear en lo absoluto: "Cuando
todos los deseos que se mantenían en el corazón cesan, el
mortal se hace inmortal, es lo Absoluto". Sin embargo, los
psicólogos recomendamos desear sin perder el control, sin
atarte a la emoción placentera ni querer repetirlo testaru-
damente.

8   El concepto de apego budista y el de adicción muestran
aspectos en común. Por una cuestión de espacio solo señalaré tres puntos de concordancia: 1) Una definición co-
múnmente aceptada en psicología del término "adicción"
procede del inglés *addiction* y significa "sumisión de alguien a un dueño o amo". Este es uno de los principios
budistas principales que definen el apego (Ver: Alonso
Fernández, F. (1996). *Las otras drogas*. Madrid: Temas
de Hoy). 2) El Manual Diagnóstico y Estadístico de los
Trastornos Mentales (DSM-IV-TR) define *las alteraciones
del control de impulsos* como: "La dificultad para resistir un impulso, una motivación o una tentación de llevar a cabo un acto perjudicial para la persona o para los
demás". Cualquier parecido con el concepto de apego no
es mera coincidencia. (Ver: López Ibor, J. y Valdez, M.
(2002). DSM-IV-TR. Barcelona: Masson. También: Grant,
J.E., Donahue, C. B. y Odlaug, B.L. (2011). *Treating im-
pulsive control disorders: A cognitive-behavioral therapy
program*. Nueva York: Oxford University Press). 3) En la
actualidad hay acuerdo sobre los factores esenciales que
definen una adicción y son básicamente cuatro: a) un fuerte deseo o un sentimiento compulsivo por llevar a cabo
una conducta particular, sobre todo cuando la oportunidad de llevarla a cabo no está disponible, b) incapacidad
de autocontrol, c) malestar cuando no se pueda ejecutar el

comportamiento anhelado o dejado de hacer, y d) persistir con la conducta a pesar de las consecuencias negativas de ejecutar la misma. Si revisamos la concepción budista a fondo, encontraremos que Buda hacía referencia clara a los cuatro elementos arriba señalados. (Ver: Gosoop, M. (ed.) (1989). *Relapse and addictive behaviour.* Londres: Routledge. También: Echeburúa, E., Corral, P. y Amor, P.J. (2005). El reto de las nuevas adiciones: objetivos terapéuticos y vías de intervención. *Psicología conductual,* 13, 511-525).

9   Matthieu, R. (2005). *En defensa de la felicidad.* Barcelona: Urano.

10 De Mello, A. (2000). *Escritos esenciales.* Bilbao: Sal Terrae.

11 Rahula, W. (2008). *Lo que el Buddha enseñó.* Buenos Aires: Kier.

12 Dhiravamsa, V.R. (2010). *La vía del no apego.* Barcelona: La Liebre de Marzo.

13 Glosario sánscrito. Disponible en: http://es. scribd.com/doc/12378103/Glosario-Sanscrito. Consultado: 29 de marzo de 2012.

14 Martin, C. (2002). *Bhagavad Gita.* (IV, 20). Madrid: Trotta.

15 Alfonso Fernández, F. (2003). *Las nuevas adicciones.* Madrid: Tea Ediciones. Ver también: Echeburúa, E. y de Corral, P. (2009). *Las adicciones con o sin droga: una patología de la libertad.* En E. Echeburúa, F.J. Labrador y E. Becoña (coords.), *Adicción a las nuevas tecnologías.* Madrid: Pirámide.

16 Yinming, H. (2002). *Cultivando las raíces de la sabiduría.* Madrid: Arca de la Sabiduría.

17 Bauman, Z. (2012). *44 cartas desde el mundo líquido.*
    Barcelona: Paidós.

18 Carr, N. (2011). *Superficiales.* Buenos Aires: Taurus.

19 Yen, J., Ko, C., Yen, C., Chen, S., Chung, W. y Chen, C.
    (2008). Psychiatric symptoms in adolescents with Inter-
    net addiction: Comparison with substance use. *Psychiatry
    and Clinical Neurosciences,* 62, 9-16. Ver también: Shaw,
    M. y Black, D.W. (2008). Internet addiction definition, as-
    sessment, epidemiology and clinical management. *CNS-
    Drugs,* 22, 353-345.

20 Nietzsche, F. (2003). *La genealogía de la moral.* Madrid:
    Tecnos.

21 Dragonetti, C., y Tola, F. (2006). *Udana* (VII, 9). Madrid:
    Trotta. En adelante para referirme a esta obra utilizaré las
    siglas UD.

22 Deshimaru, T. (2008). *Preguntas a un maestro zen.* Bue-
    nos Aires: Kairós.

23 Maslow, A.H. (1954). *Motivation and personality.* Nueva
    York: Harper & Row. Ver también: Sheldon, K.M., Elliot,
    A.J., KimY. y Krasser, T. (2001). What is satisfying about
    satisfying events? Testing 10 candidate psychological ne-
    eds. *Journal of Personality and Social Psychology,* 80, 235-
    339. Además: Deci, E.L. y Ryan, R.M. (2002). *Handbook
    of self-determination.* Rochester: University of Rochester
    Press. Hoy día los expertos en motivación (el marketing
    se ha pegado de esto para vender más) consideran que al
    menos hay cuatro tipos de necesidades psicológicas vita-
    les que nos brindan bienestar y nos hacen sentir bien, si
    son adecuadamente satisfechas (algunos sostienen que son
    innatas): seguridad/protección (sentirse cuidado o prote-
    gido), competencia/eficacia (sentirse que uno es capaz),

vinculación con otros (sentirse bien relacionado y respetado), autonomía/autenticidad (sentirse dueño de sí mismo). Lo importante es que no se nos salgan de las manos y se conviertan en apegos. Si hemos recibido un mal aprendizaje podemos convertir cualquiera de estas cuatro necesidades "normales" en dependencias "insalubres": el cuidado/protección podría transformarse en sobreprotección; la competencia/eficacia podría convertirse en ambición desmedida; la vinculación sana a otros podría terminar en una necesidad de aprobación; y la autonomía emocional podría acercarse peligrosamente al narcisismo. Las que eran necesidades constructivas y vitales terminarán siendo un desastre adaptativo. Lo mismo ocurre si nos excedemos en las necesidades biológicas y las convertimos en vicios o alteraciones. Por ejemplo cuando transformamos el acto de dormir en pereza, la alimentación en un problema (anorexia o bulimia) y beber agua en adicción para bajar de peso (potomanía). Somos la única especie que distorsiona tanto la naturaleza.

24 Ellis, A. (2005). *Sentirse mejor, estar mejor y seguir mejorando*. Bilbao: Ediciones Mensajero.

25 Calazans, J.C. (2007). *Dhammapada*. (Sutra, 165). Madrid: Esquilo. En adelante para referirme a esta obra utilizaré las siglas DH. También puede consultarse en una traducción más sencilla y asequible. Esquilo. Serra, E. (2008). *El Dhammapada*. Barcelona: Padma.

26 Neuman, C. (2004). *Substance abuse*. En R.L. Leahy (ed.), *Contemporary cognitive therapy*. Nueva York: The Guilford Press. Ruiloba, J.V. y Cercós, C.L. (2005). *Tratado de psiquiatría* (vol. I). Barcelona: Ars Médica.

27 De Mello, A. (1993) *Un minuto para el absurdo*. Bilbao: Sal Terrae.

28 López-Ibor Aliño, J.J. y Valdez, M. (2002). DSM-IV-R. *Manual diagnóstico y estadístico de los trastornos mentales*. Barcelona: Masson.

29 DH, 41.

30 Calle, R. y Vázquez, S. (1999). *Los mejores 120 cuentos de las tradiciones espirituales de oriente*. Madrid: Arca de la Sabiduría.

31 Dalai Lama. (2008). *Los siete pasos hacia el amor*. Barcelona: Grijalbo.

32 Entelequia. Parábola sufí disponible en: http://laetus. over-blog.es/170-categorie-10888884.html. Consultado: 16 de agosto de 2011.

33 Glosario sánscrito. Disponible en: http://es. scribd.com/ doc/12378103/Glosario-Sanscrito. Consultado: 24 de marzo de 2012.

34 Baigorria, O. (2003). *Buda y las religiones sin Dios*. Madrid: Campo de Ideas.

35 Nhat Hanh, T. (2007). *El milagro del mindfulness*. Barcelona: Paidós Ibérica.

36 DH, 251.

37 Percy, A. (2011). *El coaching de Oscar Wilde*. Barcelona: Random House Mondadori.

38 De Mello, A. (1997). *El corazón del hombre*. Buenos Aires: Lumen.

39 Vallerand, R.J. Mageau, G.A., Elliot, A.J., Dumais, A., Demers, M-A. y Rousseau, F.L. (2008). Passion and performance attainment in sport. *Psychology of Sport and Exercise*, 9, 373-392. Ver también: Vallerand, R.J. y Zan-

na, M.P. (eds.). (2010). On passion for life activities: The dualistic model of passion. *Advances in experimental social psychology*, 42, 97-193.

40 Philippe, F., Vallerand, R.J., Houlfort, N., Lavigne, G.L. y Donahue, E.G. (2010) Passion for an activity and quality of interpersonal relationships: The mediating role of emotions. *Journal of Personality and Social Psychology*, 98, pp. 917-932.

41 Deci, E.L. y Ryan, R.M. (2000). The "what" and "why" of goal pursuits: Human needs and the self-determination of behavior. *Psychological Inquiry*, 11, pp. 227-268.

42 Lafreniére, M-AK., Vallerand, R.J., Donahue, R. y Lavigne, G.L. (2009). On the costs and benefits of gaming: The role of passion. *Cyberpsychology and Behavior*, 12, 285-290. Ver también: Rip, B., Fortin, S. y Vallerand, R.J. (2006.) The relationship between passion and injury in dance students. *Journal of Dance Medicine and Science*, 10, 14-20. Ratelle, C.F., Vallerand, R.J., Mageau, G.A., Rousseau, F.L. y Provencher, P.J. (2004). When passion leads to problematic outcomes: A look at gambling. *Journal of Gambling Studies*, 20, 105-119.

43 Suurvali, H., Cordingley, E., Hodgins, D.C. y Cunningham, J. (2009). Barriers to seeking help for gambling problems: a review of the empirical literature. *J Gambl Stud*, 25:407-424.

44 Maffesoli, M. (2008). *Iconografías*. Barcelona: Editorial Península.

45 Bercholz, S. y Khon, S.C. (1994). *La senda de Buda*. Barcelona: Planeta.

46 DH, 80.

47 Glosario sánscrito. Disponible en: http://es. scribd.com/
    doc/12378103/Glosario-Sanscrito. Consultado: 29 de
    marzo de 2012.
48 Spinoza. (1995). *Ética*. Madrid: Alianza.
49 DH, 214.
50 Yinming, H. (2002) (*op. cit.*).
51 Trungpa, C.Y. (2010). *La verdad del sufrimiento*. Barcelo-
    na: Kairós.
52 Buddhadasa, A. (2001). *La causa del sufrimiento*. Buenos
    Aires: Kier.
53 UD: II, 19.
54 Shaffer, D.R. (2002). *Desarrollo social de la personali-
    dad*. Madrid: Thomson. Ver también: Moreno, B. Jimenez.
    (2007). *Psicología de la personalidad*. Madrid: Thomson.
55 Swann, W.B., Stein-Seroussi, A. y Giesler, R.B. (1992).
    Why people self-verify. *Journal of Personality and Social
    Psyhcology*, 62, 392-401.
56 Pourtois, J.P. y Desmet, H. (2006). *La educación posmo-
    derna*. Madrid: Editorial Popular.
57 Kornfield, J. (2010). *Camino con corazón*. Barcelona: La
    Liebre de Marzo.
58 Nisargadatta Sir Maharaj. (2008). *Yo soy eso*. Málaga: Si-
    rio.
59 Poemas del maestro Dogen. (14/06/2010). Disponible en:
    http://teodotoypotino-budismo.blogspot.com/2010/12/
    poemas-del-maestro-dogen.html. Consultado: 4 de octu-
    bre de 2011.
60 El filósofo Julian Baggini dice al respecto: "No es que el
    'yo' no exista, sino que es distinto a lo que suponemos
    que es". Y luego afirma: "La solidez del 'yo'es una ilusión,
    pero el 'yo' mismo no lo es". (Baggini, J. (2012). *La trampa*

del ego. Barcelona: Paidós). Sin embargo, aunque seamos criaturas en permanente evolución y cambio, poseemos la capacidad de reconocernos. Cuando creemos que el "yo" es algo sólido, entramos al mundo del ego. Poseemos el don de la "metapercepción", es decir, pensar sobre lo que pensamos y sentir sobre lo que sentimos, por más que estemos modificándonos constantemente. Lo que nos mantiene conectados a nuestro sentido de existencia es el proceso de autoobservación. En otras palabras: hay un "yo" real, de uso convencional y lingüístico, con el cual nos podemos dirigir a otros y describirnos (así mudemos y transmutemos): "Yo estoy comiendo, estoy corriendo, estoy hablando..."; y existe un "yo" aparente, anclado tozudamente en la memoria, que se percibe a sí mismo de una manera compacta e inmodificable, que ha perdido su punto de referencia real e intenta sobrevivir al tiempo e identificarse en la posesión de cosas y personas (ego). El "yo" no es una sustancia ni una cosa, es una función del cerebro en acción.

61 Calle, R.A. (1992). *Las parábolas de Buda y Jesús*. Madrid: Heplada.

62 Vázquez, S. y Calle, R. (2004). *Los mejores cuentos de las tradiciones de oriente*. Madrid: Edaf.

63 Higgins, E.T. (1987). Self-Discrepancy: A theory relating self and affect. *Psyhcological Review*, 94, 319-340.

64 De Mello, A. (1994). *Rompe el ídolo*. Buenos Aires: Lumen.

65 Sim, Y. y Pons, P.P. (2005). *Cuentos tibetanos*. Madrid: Ediciones Karma.

66 Mancuso, V. (2009). *La vita autentica*. Milán: Raffaello Cortina Editore.

67   Moreno, B. Jiménez. (2007). *Psicología de la personali-dad.* Madrid: Thomson.

68   Melloni, J. (2009). *Voces de la mística.* Barcelona: Herder.

69   Riso, W. (2010). *El camino de los sabios.* Barcelona: Planeta.

70   Tucci, N. (2008). *Cuentos y proverbios chinos.* Madrid: ELA.

71   De Mello, A. (1982). *El canto del pájaro.* Buenos Aires: Sal Terrae.

72   Keller, J., Ringelhan, S. y Blomann, F. (2011). Does skills-demands compatibility result in intrinsic? Experimental test of a basic notion proposed in theory of flow-experiences. *The Journal of Positive Psychology,* 6, 408-417.

73   Glosario sánscrito. Disponible en: http://es. scribd.com/doc/12378103/Glosario-Sanscrito. Consultado: 10 de octubre de 2011.

74   Grant, J.E., Donahue, C.B. y Odlaug, B.L. (2011). *Overcoming impulse problems.* Nueva York: Oxford University Press.

75   De Mello, A. (1993) (*op. cit.*).

76   Fromm, E. (1997). *Ética y psicoanálisis.* México: Fondo de Cultura Económica.

77   Galambos, N.L., Barker, E.V. y Tilton-Weaver, L.C. (2003). Canadian adolescents implicit theories of immaturity: What does "chilish" mean? *New Directions for Child an Adolescent Development,* 100, 77-89. Ver: Schrodt, R.G. y Fitzgerald. B.A. (1987). Cognitive therapy with adolescents. *American Journal of Psychotherapy,* 41, 402-409. Ver también: Riso, W. (2008). *¿Amar o depender?* Barcelona: Planeta.

78 Bornstein, R.F. (2005). *The dependent patient*. Washington: American Psychological Association. Ver también: Leahy, R.L. (2001). *Resistance in cognitive therapy*. Nueva York: The Guilford Press.

79 Gibran, J.G. (1979). *La procesión*. Obras completas. Argentina: Adiax, S.A. Ediciones.

80 Monlava Belda, M.A. (2009). Diccionario Pali-Español. Disponible en: http://www.bosquetheravada.org/pdf/diccionario_pali_espanol.pdf. Consultado: 11 de noviembre de 2011.

81 Hurie, A., Mundy, S. y Calle, R. (2001). *Sutras de la atención y el diamante*. Madrid: Arca de la Sabiduría.

82 Este pequeño relato es de mi autoría. Nace de una frase que leí del maestro Pierre Teilhard de Chardin, que me impactó profundamente: "La creación no se ha terminado, se está llevando a cabo en este instante". Ver: Teilhard de Chardin, P. (1967). *La energía humana*. Madrid: Taurus. Y también: Teilhard de Chardin, P. (1963). *El fenómeno humano*. Madrid: Taurus.

83 De Mello, A. (1993) (*op. cit.*).

84 Biddulph, D. y Flynn, D. (2011). *Enseñanzas de Buda*. Barcelona: Blume.

85 Riso, W. (2010). *Terapia cognitiva*. Barcelona: Paidós. Ver también: Riso, W. (2009). *Pensar bien, sentirse bien*. Barcelona: Planeta.

86 De Mello, A. (1997) (*op. cit.*).

87 Onfray, M. (2007). *Las sabidurías de la antigüedad*. Barcelona: Anagrama.

88 Beck, J.S. (2005). *Cognitive therapy for challenging problems*. Nueva York: The Guilford Press. Ver también: Riso, W. (2009). *Terapia cognitiva*. Barcelona: Paidós.

89   Sim, Y. y Pons, P.P. (2005) (*op. cit.*). Ver también: Calle,
      R.A. (1991). *Las parábolas de Buda y Jesús*. Madrid: He-
      plada.

90   Nolan, B.V., Taylor, S.L., Liguori, A. y Feldman, S.R. (2009).
      Tanning as an addictive behavior: a literature review. *Pho-
      todermatology, Photoinmmunology & Photomedicine*, 26,
      12-19.

91   Cuento disponible en: http://cuentosqueyocuento.blogs-
      pot.com/2007/06/la-seguridad-del-molusco.html Consul-
      tado: 23 de octubre de 2011.

92   Watts, A. (2003). *El camino del zen*. Barcelona: Los Li-
      bros de Sísifo. La colección de donde Watt extrae el relato
      se denomina Shobogenzo, la cual recoge los escritos del
      maestro de Dogen Zenji sobre budismo zen, escritos en-
      tre 1231 y 1253. Este fue el primer tratado sobre el tema
      escrito en lengua japonesa y no en chino. Las ediciones
      modernas del Shobogenzo contienen noventa y cinco fas-
      cículos. Shobogenzo significa: "Tesoro del Verdadero Ojo
      de la Ley".

93   Bareau, A. (2000) (*op. cit.*).

94   Seligman, M.E.P. (2005). *La auténtica felicidad*. Barcelo-
      na: Ediciones B. Ver también: Waterman, A.S. (2008). Re-
      considering happiness: a eudaimonist's perspective. *The
      Journal of Positive Psychology*, 3, 234-252.

95   Fernández Abascal, E.G. (2009). *Emociones positivas*.
      Madrid: Pirámide.

96   Brannon, L. y Feist, J. (2001). *Psicología de la salud*. Es-
      paña: Paraninfo.

97   Dhiravamsa. (2008). *Crisis y solución*. Barcelona: La Lie-
      bre de Marzo.

98 De Mello, A. (1993) (*op. cit.*).

99 Riso, W. (2004). *La sabiduría emocional.* Bogotá: Norma.

100 Sim, Y. y Pons, P.P. (2005) (*op. cit.*). Cuento disponible en Legends & Folk Tales. (2009): http://legends-folktales.blogspot.com/2009/05/caminando-sobre-las-aguas.html. Consultado: 20 de junio de 2010.

101 Cayuela i Dalmau, R. (2011). ¿Deberíamos replantearnos nuestra manera de vivir? *Revista del Colegio Oficial de Psicólogos de Cataluña,* 228, 32-37.

102 Sandrin, L. (2008). *Ayudar sin quemarse.* Madrid: San Pablo.

103 Seligman, M.E.P. (2011). *Aprenda optimismo.* Barcelona: Debolsillo.

104 Maestro Eckhart. (1998). *Obras escogidas.* Barcelona: Edicomunicación. Ver: Ruta, C. (2006). *El maestro Eckhart en diálogo.* Buenos Aires: USM. Y también: Vega, A. E. (1998). *El fruto de la nada.* Madrid: Siruela.

105 Martin, C. (2002) (*op.cit.*) (V, 12).

106 Lao Tse. (2002). *El libro del tao.* Barcelona: RBA. Ver también para una introducción más asequible: Dyer, W.W. (2011). *Vive en la sabiduría del tao.* Barcelona: Debolsillo.

107 Comte-Sponville. A. (2006). El *alma del ateísmo.* Barcelona: Paidós.

108 De Mello, A. (1993) (*op. cit.*).

109 De Mello, A. (1991). *¿Quién puede hacer que amanezca?* Bilbao: Sal Terrae.

110 Bauman, Z. (2007). *Vida de consumo.* Madrid: Fondo de Cultura Económica.

111 Echeburúa, E. (2003). ¿*Adicciones... sin drogas?* Bilbao: Desclèe de Brower. Ver también: Villarino, R., Otero López, J.M. y Castro, R. (2001). *Adicción a la compra.* Madrid: Pirámide.

112 Bauman, Z. (2007). *Vida de consumo.* Madrid: Fondo de Cultura Económica.

113 De Mello, A. (1991) (*op. cit.*).

114 Hurie, A., Mundy, S. y Calle, R. (2001) (*op. cit.*).

115 Bruckner, P. (2001). *La euforia perpetua.* Madrid: Tusquets.

116 Suurvali, H., Cordingley, J. y Hodgins, D.C. (2009). Barriers to seeking help for gambling problems: A review of the empirical literature. *J Gambl Stud,* 25, 407-424.

117 Echeburúa, E., Becoña, E., Labrador, E.J. y Fundación Gaudium. (2010). *El juego patológico.* Madrid: Piramide.

118 Ara Lardinés, G. (2011). Disponible en: http://www.vidaemocional.com/index.php?var=11011701. Consultado: 30 de octubre de 2011.

119 Gorgievski, M.J., Bakker, A.B., y Schaufeli, W.B. (2010). Work engagement and workaholism: comparing the self-employed and salaried amployees. *The Journal of Positive Psychology,* 5, 83-96.

120 Emerson, R.W. (2009). *Confianza en uno mismo.* Madrid: Gadir.

121 De Mello, A. (1982) (*op. cit.*).

122 Dowling, N.A. y Quirk, K.L. (2009). Screening for Internet Dependence: Do the Proposed Diagnostic Criteria Differentiate Normal from Dependent Internet Use? *Cyber Psychology & Behavior,* 12, 21-27.

123 Takao, M., Takahashi, S. y Kitamura, M. (2009). Adictive personality and problematic mobile phone use. *Cy-*

ber Psychology & Behavior, 12, 501-507. Ver también: Grüsser, S.M., Thalemann, M.D. y Griffiths, M.D. (2007). Excessive computer game playing: evidence for addiction and aggression? *Cyber Psychology & Behavior*, 10. 190-19.

124 Diener, E. y Diener, C. (1996). Most people are happy. *Psyhcological Science*, 7, 181-185. Ver tambien: Park, N., Peterson. C. y Ruch, W. (2009). Orientations to happiness and life satisfaction in twenty-seven nations. *The Journal of Positive Psychology*, 4, 273-279.

125 Gibran, G.J. (1996). *Los tesoros de la sabiduría*. Madrid: Edaf.